小さい会社の
総務・人事・経理の仕事がわかる本

社会保険労務士法人　オフィス小宮山
特定社会保険労務士
中小企業診断士　**小宮山敏恵**

WAVE出版

はじめに

この本は、小さい会社の**総務と人事と経理を担当することになったときに**、その業務概要を把握するためのものです。

そして、**業務のハンドブック**として迷ったり困ったときに気軽に読める本です。

小さい会社に入社してはじめて総務・人事・経理をまかされたとき、フリーランスから起業してはじめて人を雇うときなど、総務・人事・経理はどのような仕事なのかをまとめています。

もちろん、入社後に仕事説明や引き継ぎなどがあって、わざわざ本を買うまでもないという方もいるでしょう。

しかし、**「総務・人事・経理」は、会社の心臓部分**です。国に対して社会保険や事業税の支払いなどをおこない、会社経営を続けるためにはなくてはならない仕事です。

小さい会社ごとに、独自のルールがあって一様ではありません。しかし、日本社会の「会社」のしくみには、基本となる共通のルールがあります。そのルールをわかっていなければ、独自のルールなど身につけていても意味がありません（国から叱られます）。

総務・人事・経理という仕事は、つぶしのきく仕事です。

総務業務で**社会人としてのビジネススキルを磨き、**人事業務で**働くことで人に対してどのようにお金が流れるのか、**経理業務で**経営感覚と会社全体のお金の流れについて学べて実践することができます。**

働き方が多様となった現代において、この技術を身につけておけば、大企業でしっかり指導を受けていなくても問題ないのです。

しかし、すでにある会社のルールを知っておくだけでは、この技術は身につきません。

この本で、地味に、確実に、基礎知識を学んでください。そして実務に役立ててください。

あなたなりに応用していただければ幸いです。

小宮山　敏恵

小さい会社の総務・人事・経理の仕事がわかる本

目次

第2章　総務の仕事

第4章 経理の仕事

第5章 スキルアップのために

※本書は2020年2月現在の法令等に基づいています。

第1章

総務・人事・経理の事務の基礎

（1週間以内の目標）

1. 総務・人事・経理がどんな部署なのかを知る

総務・人事・経理は、会社の管理部です。

「総務」は、総ての事務です。「人事」は人に関すること、「経理」は経営管理のことです。**経営目標達成のために経営資源の「ヒト・モノ・カネ」を管理し、活用させること**と言ってもよいでしょう。その役割、位置づけ、仕事内容の詳細は会社によってさまざまです。

総務・人事・経理は直接、売上や利益を生み出す部署ではありません。しかし、会社の管理部として、各部署にサービスを提供して、サポートすることで、部署間の連携や調整をスムーズにしていきます。

つまり、**間接的に社員が気持ち良く仕事ができるようにサポートし、会社をより良くしているのです**。だから、縁の下の力持ち的な部署と言ってもよいでしょう。

2. 総務・人事・経理にとって大事なことを知る

総務・人事・経理に配属されることが決まったあなたは、会社のさまざまなことに意識を向け、会社の活動が円滑におこなわれるように気を配らなければなりません。地味にうつるかもしれませんが、**プロフェッショナル性が高い部署**であるとも言えます。

そして、この部署では、**傾聴力が大事**です。

従業員や経営者とよくコミュニケーションをとることで、会社の潤滑油にならなければならないからです。

3. あいさつをする

●コミュニケーションの基本

人と人とのコミュニケーションの基本はあいさつです。

あいさつは会社だけでなく家庭でもおこなうもの、人が人と一緒に過ごすために必要なものです。自分から積極的におこないましょう。**あいさつは会った時におこなうものであり、人と人とをつなぐ目的を持っています**。より良い人間関係を築くことにつながります。

あいさつをすることで相手を認め、感じが良い印象を与えます。逆にあいさつをしないことは相手を無視し、感じが悪いと受け取られることもあります。家族や友人、恋人との関係においても同じですね。

「あいさつすらできない」と、低い評価を受けてしまうことにもなりかねません。

あいさつで評価される

日頃から、さわやかなあいさつができるようになっていると、損をしないばかりか、あなたの評価が高まります。あいさつの具体的な作法は後述しますが、「さわやか」にすることがポイントです。

①社外からの評価

人は、あなたの人柄を、あいさつや食事の仕方、時間管理から推し量ります。

たとえば、お客様が会社を訪れて、対応した人のあいさつが暗かったり、おざなりで雑だったとき、お客様はあなたに対して直接感じが良くなかったなどとは伝えず、○○会社は感じが悪い会社と評価されます。**あなたの評価がそのまま会社の評価となる**のです。そして、そういう悪い評判、うわさははやく広く、周囲に広がっていきます。

小さな規模であればなおさら、社員一人ひとりが会社の顔になります。他者からの評価は、あなたのあいさつで決まると言っても過言ではありません。

特に、総務・人事・経理の部署は、さまざまなお客様や、採用面接に来た学生の方まで、幅広い方々と接する機会があります。**自分は、会社を代表しているという意識を持つ**ことや、**好感を持たれるあいさつをする**ことは、あなたの仕事をスムーズに進めるために欠かせません。

②会社の売上に影響を及ぼすあいさつ

たとえば、アサヒビール（現アサヒビールホールディングス）では、売上が大きく落ち込んで、社員も元気がなく、表情も暗かった当時、新たに社長としてその再建のために着任された樋口廣太郎さんがまずおこなったのは、あいさつだったそうです。毎朝エレベーターを乗り降りして、元気な声で、社員にむかってあいさつをし続けたそうです。

その後、会社の経営は、V字回復をしたことで有名です。

あいさつと売上とは無関係のように思えますが、売上をつくるのは、社員の元気であるとすれば、社員を元気にするためにあいさつを重視したということも納得できます。

③社内でのあいさつの効果

総務・人事・経理担当者という一社員であっても同じです。

総務・人事・経理は、会社の管理部ですから、いろいろな部署の社員と接します。

元気なあいさつを率先しておこないましょう。

たとえ、あいさつをあまりしない職場であったとしても、積極的にあいさつをして、職場を明るくしてください。あいさつをすることで、職場が明るくなり、売上につながる可能性があるだけでなく、あなたが**あいさつを積極的におこなうことで、周囲から「話しかけやすい人」になることができます**。

管理部は、会社と社員をつなぐセクションと言えますが、社員と接する、コミュニケーションをとるためのはじまりはあいさつです。

あいさつに続けて、なにげない世間話、対話につなげていくことができます。**ザッソウ（雑談・相談）から、従業員の悩みを知ることができます**。

最近は、上司と部下で、仕事以外の対話をする「1ON1ミーティング」が奨励されていますが、その対話の前にも、日頃のあいさつが大切になってきます。

●挨拶の3要素

それでは具体的に、どのようなあいさつが「さわやか」と感じ、気持ちが良いと受け取られるのでしょうか。

周囲の人のあいさつの仕方を見て、感じが良い、好感が持てると思った人をモデルにして、真似をしていきましょう。また、逆に社内外を問わず、感じが悪いと思った場合は、振り返ってそうならないように心がけます。

あいさつは、①**言葉**（発声）、②**動作**（お辞儀）、③**笑顔**（表情）の3要素から成り立っています。いくら深くお辞儀をしても、無表情で声が小さくてあいさつの言葉が届かなければ、あいさつをしたことになりません。また、大きな声やにこやかな表情であいさつをしても、お辞儀が伴わなければ、丁寧さが感じられません。

●お辞儀の基本

お辞儀は、謙虚な気持ちや相手への敬意を表します。

人が出会って始めと終わりにおこなうケジメともなります。

お辞儀がきちんとできるだけで、きちんとしている人だと相手に印象づけることができます。その結果、話の内容やふるまいも素晴らしく感じてもらえるようになります。習慣にしてしまいましょう。

お辞儀の深さは気持ちの深さをあらわしています。すれ違ったときは、軽いお辞儀、つまり会釈で十分です。しかし、お礼やお詫びを伝えるときは、深いお辞儀をして、気持ちを表現してください。

お辞儀の深さ（背中の角度）はあくまで目安ですが、目線の先を意識すると、浅いお辞儀、深いお辞儀ができるようになります。大阪商売人は、お辞儀をするとき膝に手をあて、その手を膝下に移動させる意識で深いお辞儀をしたと言います。

お辞儀の名称		使用場面とあいさつ
会 釈		・廊下ですれ違うとき ・朝夕のあいさつ 「おはようございます」「少々お待ちくださいませ」
普通礼		・ビジネスシーンで使われる一般的なお辞儀 ・お客様をお迎え・お見送りするとき 「いらっしゃいませ」「失礼いたします」
最敬礼		・改まった席でのあいさつ ・重要な依頼、深い感謝、謝罪をするとき 「ありがとうございます」「誠に申し訳ございません」

●お辞儀のポイント

お辞儀は、深さ（角度）を意識しておこなうことのほかに、次の3つを意識すると、さらに、相手への敬意が伝わったり、感じの良い印象を与えます。

①アイコンタクト

相手の印象に残りやすいポイントです。

お辞儀をする前と**お辞儀の後に相手の目を見る**と、インパクトを与えることができます。

②腰から折る

きちんとした印象を与えます。

首だけを曲げるのではなく、背筋を伸ばし、**上体を腰から折るようにして曲げます。**

③ゆっくり上げる

丁寧な印象を与えます。

頭を下げたところで一瞬止め、ゆっくり上体を起こします。下げる時よりも、ゆっくり上げます。

●あいさつの例

それでは、具体的にあいさつの内容について説明していきます。いつ、どのような相手に対しても正しいあいさつができていますか。表にまとめましたので覚えてください。

出勤したとき	おはようございます	外出から戻ったとき	ただいま戻りました
退勤するとき	お先に失礼します	外出から戻った人に	お帰りなさいませ
退勤する人に	お疲れ様でした	会議室に入るとき	失礼いたします
外出するとき	行ってまいります	お客様に	いつもお世話になっております
外出する人に	行ってらっしゃいませ	予定していたお客様に	お待ちしておりました

「お疲れ様でした」と、「ご苦労様でした」は、どちらもねぎらいの言葉ですが、「ご苦労様でした」は、目上から目下への言葉とされます。総務・人事・経理の立場としては、「お

疲れ様でした」を使う方がよいでしょう。

感謝の気持ちを含むときは、「お疲れ様でした」よりも、「ありがとうございます」を使います。

私たちが最も言われて嬉しい言葉は、「ありがとう」です。何か物をとってもらったときなど、「ありがとう」を使ってください。「すみません」と「ありがとう」の両方を使えるときは、**できるだけ「ありがとう」を使うようにしてください**。「ありがとう」の一言で相手に与える印象が変わります。

●声の印象を考える

「大きな声は自信なり」と言われます。

あいさつは大きな声で言いましょう。大きな声の方が、小さな声よりも、自信を持って話しているように思われます。

声の大きさよりも、口を、縦や横に広げて、**滑舌を心がけると、あなたへの信頼度がさらに増します**。母音をはっきり言おうと、少し意識するだけでも、相手に信頼感を与えます。

4. 職場の人に感謝を示す

●感謝の気持ちで関係良好に

当たり前のことですが、人が人と生活してくためには相手に感謝の気持ちを持つことが大事です。

転職者が多い会社では、年下の上司や年上の部下の下で働くことはめずらしいことではありません。そのようなとき、どう接したらよいか戸惑うこともあるでしょう。

目上の人はもちろんですが、同じ職場で働く上司、部下、先輩、後輩という立場にとらわれてはいけません。**誰に対しても、相手を感謝する持ちを持って接することが大切**で、その姿勢は、相手への思いやりの気持ちにつながります。

職場での良好な人間関係を築くために、具体的に感謝を示す方法として、次の3つに配慮した対応が望まれます。

①年次への配慮

入社日を意識しましょう。

年齢にかかわらず先に入社した人は先輩です。明文化されていない会社のルールや規範は、先輩から教えてもらうことになります。

②キャリアへの配慮

入社が自分より後でも、キャリアを買われて入社した人はいます。専門職としてのキャリアを積んでいる場合、自分の成長のためにも学ばせていただくという謙虚な気持ちは大切です。

③年齢への配慮

職場に限らず、自分より年上の人には敬意を払うのは当然のことです。自分より年を重ねているために、失敗や成功など豊富な経験を持ち合わせています。人生の先輩を敬うという姿勢を持ちましょう。

なお、この3つ以外にも、性別や国籍、信条などを超えて、それぞれの違いを尊重してください。相手を尊重し、多様性を認め、自由に意見が言い合えるような心理的に安全な組織にしましょう。

●社内コミュニケーション

コミュニケーションは言うまでもなく大事です。

前述の通り、総務人事経理は社内の潤滑油です。

企業が円滑にビジネスを進めていくためには、社員同士のコミュニケーションが欠かせません。

情報を共有することで、業務分担や業務の効率化、生産性向上につながります。社員同士が、同じ部署間はもちろんのこと、異なる部署の人と会話をすることで、組織間の情報共有は、会社全体の生産性の向上のためになくてはならないものです。

たとえば、面白法人カヤックでは、「つくる人を増やす」を経営理念に掲げ、ブレーンストーミング（ブレスト）が活発におこなわれています。ブレストとは、ある問題やテーマに対し、参加者が自由に意見を述べることで、多彩なアイデアを得るための会議法です。

社員間で十分なコミュニケーションをとることで、それぞれの多様性を認め、受け入れ、自由に意見を言い合える組織は、生産性向上につながります。

総務人事経理担当のあなたから、まずは、社内の人とコミュニケーションをとっていってください。

●「報告・連絡・相談」を徹底する

「報・連・相」は「報告・連絡・相談」の3つをまとめた言葉です。

コミュニケーションの基本です。

仕事をおこなう上で非常に大切です。

きめ細かい「報・連・相」が、上司だけではなく、同僚や部下にも信頼感を与え、仕事も人間関係もスムーズにします。

忙しさや仕事への慣れ、また悪い報告は省略してしまいがちですが、怠ったことで業務に支障をきたし、情報が伝わらないことで会社の信頼さえ失います。

●上手な「報・連・相」の方法

それでは、会社を管理する総務人事経理担当者として、上手なホウレンソウの方法を覚えておきましょう。

①報告はタイミングよく正確に

報告は、指示・命令をした人から聞かれる前にします。

管理部として、業務進行状況は、しっかりと管理する必要があるからです。

報告の仕方は結論から報告し、その後に理由や経緯を説明します。仕事が完了してからでは報告が遅くなる場合は、途中で報告します。

トラブルやミスが発生した場合は、至急報告し、悪い報告ほど素早くしなければなりません。報告が素早ければ危機を挽回することもできますし、報告が遅れたために、さらに大きなトラブルになってしまうことがよくあります。

②連絡はきめ細かく、正確な情報伝達を

「6W4H」にそって、内容をわかりやすく正確に伝えます。

伝わらず、正しくない情報を伝えても何の役にも立たないことは言うまでもありません。

忙しい時でも、**いつ**（when）、**誰が**（who）、**何を**（what）、**どうした**ということを伝えてください。

When……………いつ（期日・時間は）
Where……………どこで（場所は）
Who……………誰が（何が）
Whom……………誰に（何に）
What……………何を（用件の内容は）
Why……………なぜ（理由・目的・意義は）
How……………どのように（手順は、方法は）
How much………いくら（費用は）
How many………どの程度（数量は）
How long………どのくらい（期間は）

重要な点は強調するなど、ポイントを明確にして伝え、変更が生じた場合は、その都度連絡します。

簡単な連絡は口頭でもかまいませんが、複雑な内容や重要な要件を記録しておきたい場合や、相手が忙しそうな場合は書面にするなど、状況により適切な方法で連絡します。

③相談内容を明確にし、相手の貴重な時間を大切に

相談をする前に、何を相談したいのか、**相談することを明確に整理します**。急を要する場合以外は、上司や先輩が忙しい時間を避け、相談するタイミングを図ります。

つまり、管理部の一員として、自分なりの意見や解決方法を考えてから相談してください。そして、その後の経過や結果を必ず報告しましょう。

上司と部下における「報・連・相」は、会社によっては、組織やプロジェクトチーム内での「報・連・相」に変わっており、スピードが要求されています。そのため、有機的につくられたチーム内で、メールなどのシステムやソフトを駆使しての「報・連・相」をおこなっていることも多いでしょう。しかし、基本の考え方は同じです。ソフトを使うからこそ、不明なことは、対面でのコミュニケーションをとるようにしてください。相手の表情や声の抑揚によって、相手が何を伝えたいのかを読み取りやすくなります。

●ザッソウ（雑談・相談）

コミュニケーションの基本は「報・連・相」と言いましたが、いまは、雑談・相談というザッソウというコミュニケーションが重要視されています。

特に、若手と年長者との間では、コミュニケーションの壁があります。若手は会議の中では「恥ずかしさ」から報告して相談することができないことも少なくありません。また、スピードが求められる場合にも、報告相談のために一定の時間をとることが難しくなります。

そこで、**雑談を大切なコミュニケーションだと認識**して、相談事を聞くことが必要になります。

すきま時間、ランチタイムの中から、相談事を受け止めましょう。

しかし、雑談のはじまりとして、「最近どう？」という抽象な問いかけは避けてください。モチベーションが下がります。聞き方としては**「自分は○○だけど、あなたはどうですか」と自己開示してから話を進める**とよいでしょう。

5. 会社の全体をみる

●目標と組織構成、中長期経営計画を知る

総務・人事・経理の仕事は、会社の中枢を担う誇りを持てる仕事です。日々の業務は、細かい作業を繰り返し、積み重ねである一方、管理部として、会社の経営計画に携わり、会社の経営理念や経営戦略を理解し、社内に浸透させる役割を担っています。

会社経営のしくみを学ぶことは容易なことではありませんが、会社の経営理念、事業展開の基本方針に沿った経営戦略や中長期経営計画に基づいた事業戦略に、少しずつ触れていきましょう。

仕事に興味を持てるか、仕事を面白くできるか、できないかは、あなたの仕事に対する意識次第です。

6. メモをとる

●目的

メモをとる目的は何でしょうか。

メモをとることは、知り得た情報を忘れないように記録することです。

ただ情報を記録するだけではなく、情報を整理したりアイデアを書き留めたりする役割もあります。

「覚えておこう」「あとでメモしよう」として絶対に忘れずに覚えていたりメモをする自信はありますか。忘れないためにではなく、「忘れるため、忘れてもいいように」メモをとる習慣をつけることが大切です。

総務は特に細かい作業を多くの方から任されることになります。人事と経理は正確な情報を任されることになります。必ずメモしましょう。

些細なことでも、メモをとって行動に移してください。これが、信頼関係を構築することになります。

備忘録としてメモを活用すれば、情報を正確に把握でき、記憶に頼ろうとして引き起こす失敗を予防できます。

最初はとにかく何でもメモをしてください。メモを書き続け、読み返し続けることで、メモのとり方もだんだんわかってきます。メモを書き続けることで、要点をまとめる力がつき、考えを整理することができるようになります。

メモをとらなかったことにより、思い込みや認識違い、勘違いにより大きなミスや失敗となり、信頼を失うことがあります。聞き逃さないよう、書き漏らさないよう、すばやくメモをとる習慣をつけましょう。

●集中する

人の話を聞く時は、集中して聞いていなければ、十分なメモをとることはできません。**メモをとることは、集中力や思考力の向上につながります。**

話し相手からみてもメモをとっている姿勢は、「自分の話しをしっかり聞こうとしている、自分の話しを集中して聞いている」と感じられ、より多くの情報を伝えようとし、相手に安心感を与えます。それは信頼へとつながります。

●基本的なメモのとり方

総務経理人事として、メモの内容は情報伝達としての役目を果たさなければなりません。

次の5点に注意しましょう。

①キーワードを書く（パソコンで記録する）
②わかりやすいタイトルをつけてまとめる
③やるべきことや不明点を記し、認識違いがないか確認する
④一元管理をする（定型フォーマットにして、パソコン上に残す）
⑤とったメモを見返して活用する

7. 電話に応対する

●電話応対とは

電話応対は、お客様と会社の最初の接点であり、窓口です。応対の仕方によって、会社の印象は大きく変わります。

特に総務業務においては、電話に対応することが多くなります。

電話対応は丁寧におこないましょう。

担当者にとっては、毎日かかってくる電話のうちの1本に過ぎなくても、お客様にとっては、ファーストコンタクトです。

相手の顔や表情がわからないだけに、細心の注意が必要だと言えます。

電話を取つぐ場合は、座席表または内線番号一覧表をすぐ確認できるようにしておき、迅速な対応ができるようにしましょう。取つぎ者が不在の場合は、伝言メモに記録をし、不在者に確実に用件を伝えてください。

●電話応対のポイント

電話応対では、「正確」「迅速」「簡潔」の3原則を心がけます。

これは、どの部署でも同じですが、会社の顔となる管理部としては、特に心がけてください。

電話では「言った」「言わない」や、聞き間違いもあり得ます。電話を受けたときは必ずメモをとって、復唱し、確認します。

①電話を受けるとき

着信音が鳴ったら、すぐにメモをとれるように準備して電話を受けます。

電話は2コール以内に出てください。3コール以上待たせた場合は、「お待たせしました」と伝えます。

②電話をかけるとき

電話をかけるときは、最初に要件をメモしてからおこないます。相手にわかりやすく要件が伝わるように工夫します。

「1と7」「午後4時と14時」など相手の言い間違いやこちらの聞き間違いもあるかもしれません。「7日水曜日ですね」「午後4時ですね」と、言い換えるなど確認してください。

●電話の取りつぎ方

順番	ポイント
①メモを用意し、2コール以内に出る	「はい」「おはようございます」「ありがとうございます」
②会社名を名乗る	「株式会社○○でございます」お待たせしたときは、「お待たせいたしました。株式会社○○でございます」
③相手の確認	相手の社名と名前を復唱確認する「○○会社の△△様でいらっしゃいますね」
④あいさつ	「いつもお世話になっております」
⑤用件を聞く	あいづちを打ちながら聞く（6W2Hの要領で）
⑥用件をメモし復唱	要点を復唱し、確認する「確認（復唱）させていただきます」
⑦名乗る	「私○○が承りました」「私○○と申します」
⑧あいさつ	「よろしく願いいたします」「失礼いたします」「ありがとうございました」手でフックを押してから、受話器を丁寧に置く

①取りつぐ相手が在席の場合

電話を取りつぐときの具体例は次の通りです。電話に出たときには、まずはあいさつ。それから、取りつぐ相手をしっかり確認してください。

電話を受ける方	電話をかける方
①名乗る「おはようございます。○○○会社でございます」 ②相手の確認、挨拶をする「――の――様でいらっしゃいますね。いつもお世話になっております」 ③名指し人を確認する「――部の――でございますね。かしこまりました。少々お待ちくださいませ」 ④取りつぐ「――さんに――の――様からお電話です」 ※取りつがれた人 「お電話代わりました。○○でございます。いつもお世話になっております」	「(私)――の――と申します」 「こちらこそお世話になっております。恐れ入りますが、――部の――様をお願いいたします」

②取りつぐ相手が不在の場合

電話を取りつぐ際に、相手が不在の場合の対応は、次の通りです。必ず、折り返しの有無を確認するとともに、折り返し先の連絡先を確認しましょう。

折り返しはいらないと言われた場合でも、「お電話があった旨を担当者に申し伝えます」と一言、伝えるようにしてください。

管理部として、直接かかわりがなくとも、取引先へは丁寧に対応する必要があります。

電話をかける方	電話を受ける方
「（私）――の――と申します」	①名乗る「おはようございます。〇〇〇会社でございます」 ②相手の確認、挨拶をする「――の――様でいらっしゃいますね。いつもお世話になっております」
「こちらこそお世話になっております。恐れ入りますが、――部の――様をお願いいたします」	③名指し人を確認する「――部の――でございますね。あいにく――は席を外しております。戻りましたら、こちらからお電話を差し上げましょうか？」
「はい、お願いいたします」	

④了解の旨と相手の電話番号を聞く「かしこまりました。恐れ入りますが、念のためお電話番号をお願いいたします」
⑤電話番号の復唱「復唱いたします。××の××番――の――様でいらっしゃいますね」「それでは――が戻り次第、――様にご連絡するように申し伝えます。私、――部の――と申します」
⑥挨拶「ありがとうございます」

「はい、××の××番です」
「どうぞよろしくお願いいたします」

●クレーム電話

時として、お客様からクレームを受けることがあります。

クレームは、管理部に対してのもの、他部署に対してのもの、どの部署かわからないものの3つの種類があります。

自分に直接関係のないクレームであったとしても、会社に対してのクレームなので、適切な対応が必要です。自分に関係のないクレームに対しては、相手の怒りを受け止めることが辛いかもしれません。多くの人は、クレームを「苦情」と考えがちで、クレームだとわかった途端に逃げ腰になり最後まで話を聞けないことがあります。会社を管理する部署として、このような態度は、お客様の怒りを増幅させてしまい、会社の信用を落としかねません。

クレームは会社の応対や仕事の手順の不備などを気づかせてくれます。

クレーム電話を否定的にとらえずに、まずは相手の怒りを受け止め、この電話は「お客様の期待のあらわれ」「何も言わずに去るより貴重なご意見」なのだと考えて、冷静かつ迅速で適切な対応をしましょう。

この経験であなたの社会人としての問題解決力も身についてきます。クレーム対応から、お客様があなたの会社のファンになることもありますし、クレーム内容については、今後に活かすため、会社内で情報共有するとよいでしょう。

●クレーム電話の対応の仕方

①話を聞いてお詫びする

クレームに対しては、まず、**しっかりお客様の話の内容を聞くこと**です。

必ず正確にメモをとります。そして迷惑をかけたことに対して謝罪します。

こちらに非がない場合もありますが、まずは、不快な思いをさせてしまったことに対して丁重な言葉でお詫びします。

ただし、**このタイミングでのお詫びには注意が必要です**。状況をよく確認もせず「すべてこちらのミス（責任）」と言ってしまうと、お客様の誤解やミスが原因で起こったトラブルの全責任を、会社側で負うことにもなりかねません。

「ご不快な思いをおかけしましたようで申し訳ございません。よろしければどのような状況だったのかお聞かせ願えませんか」というように、状況が把握できていない段階では、不快な思いをさせたことに限定してお詫びします。

②クレームの内容を見極める

そしてここからが、管理部としての腕のみせどころです。

「申し訳ございません」を繰り返すだけではお客様の怒りは収まりません。トラブルの原因を明確にし、具体的な解決策を見つけ出しましょう。

また話を聞きながら、自分で対応できることか否かを見極めてください。その要件は自分では対応できないと判断した場合は、上司や他部署の担当者に代わります。その際、お客様からお聞きした内容は正確に伝える必要があります。お客様に何度も同じ説明をさせたりすると、二次クレームにつながりかねません。

なお、すぐに解決策を掲示できない場合は、連絡先をお聞きしておいて、こちらから早急に連絡し直すようにします。お客様の大切な時間をわざわざ割いて連絡してくださったのですから、「お客様に感謝する」という気持ちを持ってください。そして、たとえば次のような、**感謝を言葉にしてお客様に伝えましょう。**

「貴重なご意見をありがとうございました」

「ご指摘いただき、問題点がわかりました。ありがとうございました」

「二度とこのようなことがないよう徹底して参りますので、今後ともよろしくお願いいたします」

③クレーム対応中に発してはいけない言葉
そして、クレーム対応では「ですから」「しかし」「だから」「先ほども申し上げましたが」といった言葉は厳禁です。

お客様に対して「どうして（まだ）わからないの」と暗に言っているようなものです。

言葉を選んで、誠意のある対応を心がけてください。

8. パソコン業務のルールを確認する

総務・人事・経理は、個人情報を多数取り扱っています。会社の経理上の社外秘と言われる機密数字も扱っています。

よって、会社全体のセキュリティーやその管理方法を構築することが求められています。まず社内におけるパソコンやインターネットの利用ルールを確認してください。

各社員がパソコンにソフトをインストールしたことで、マルチウェア感染や情報漏洩をはじめとするさまざまなセキュリティ事故が発生することがあります。

そこで管理部として、情報セキュリティに関して、組織で社内の教育をしたり、社内ルールを確認してください。その上で、情報システムや通信ネットワークを運用し、通常の管理、障害時管理、そしてメンテナンスに取り組みます。場合によっては、クラウド管理や、ハードのデュアルバックアップ体制をとってください。

情報が誤って社外に流出した場合の損失は、会社の信用を失うことに加え、1件ごとの損害賠償にもつながり、莫大な損失を受けることが想定されます。管理部として大きなミスです。手間を惜しまず、きちんとした対策を日頃から整える必要があります。

また、パソコン内部の情報をうっかり消してしまう、なくなってしまうなど、そのバックアップに多大な時間が費やされることもあります。

いつ、誰のパソコンに問題が起きても対応できるように備えておきましょう。

定期的なバックアップが有効におこなわれるしくみを整えておくことや、**クラウドでの管理**はリスク回避になります。

9. 単純作業を仕組化して、ファイリングに注意する

●整理・整頓

整理・整頓は、整理してから、整頓するということです。

総務・人事・経理は、「管理」する部署ですから、整理・整頓は、業務上の仕事でもあります。

「整理は不要なものを取り除くこと」「整頓とは正しい位置にきちんと置くこと」です。

まず、無駄なものを捨てて整理をします。

それから、正しい位置に置く、つまり整頓をするということです。

捨てることが、整頓や掃除よりも優先して、最も重要です。不要な資料は、早々に捨て必要な資料を明確にしてください。

そして、ゴミ箱に入れたゴミはすぐに捨ててください。ゴミは、職場の「気」を悪くします。捨てることを徹底してください。ゴミを捨てると快適な広いスペースで仕事をすることができて、効率につながります。

情報化の時代は、インターネット上の検索がすぐできます。業界情報誌、雑誌、新聞、

本などは、迷ったら捨てる気持ちでとりあえず取っておくということは、無駄なものに囲まれ、高い家賃を支払うコスト増になります。

よく探しものをしている人は、この整理・整頓ができておらず、非効率な仕事をしています。管理部であるあなたが、定期的に整理・整頓するだけでなく、社内にも、うながしてください。

●掃除

次に掃除です。

掃除は、総務・人事・経理は、率先しておこなうべきことです。

なぜなら、この部署は社内で最も紙や箱などが多いからです。そして、「掃除」を社内全体に推奨できる部署でもあります。自分から率先して掃除の大切さを知ってもらいましょう。

では、なぜ、掃除が大切なのでしょうか。

「掃除はめんどうくさいし、人がやってくれるから自分では掃除はしない」

「掃除は女性または新人の仕事である」

と考えている方はいませんか。

また、「掃除は仕事ではない」と考えている方もいると思います。一見、仕事とは関係がなく、むしろその人の性格や習慣によるものと思われ、二の次にされてしまいがちな掃除ですが、最近、改めて「掃除をすること」の効果が注目されています。

掃除をおこなうことは、ただきれいにするだけにとどまらず、掃除をしやすくするためにも、不要なものや無駄に気づくきっかけになります。

また、明るく、清潔な会社であれば、そこで働く社員の気分が良くなり、快適な職場環境をつくり出せるでしょう。暗くて汚い会社より、掃除が行き届いた会社にお客様が好印象を持つでしょう。

職場における「掃除」をマイルーティーンにしてください。

後で一度にまとめてやろうと思うとおっくうになったり、作業量も増えてしまいます。

「掃除を朝1日5分間おこなう」「金曜日は30分整理・整頓デーとする」などのマイルールを決めておこなうことで、つねにきれいな職場環境をつくり出してください。

●整理・整頓・掃除による効果

①快適

掃除をすると気持ちが良くなり、前向きな気持ちで仕事に取り組むことができます。

仕事の効率アップにつながるでしょう。

安全できれいな職場で働くことを誰もが望みます。職場がきれいであれば、みんながその状態を維持しようと汚さないように心がけますし、書類は元の場所に戻そうと整理する気持ちになります。

さらに、きれいになるように工夫する気持ちも生まれます。逆に汚いと、それに慣れてしまいその状態が当たり前になります。

どちらが良いかは言うまでもありませんね。快適に前向きな気持ちで仕事しましょう。

②節約・効率化

無駄なものを捨てることによって、効率が良くなり、モノを探す時間が短縮されます。

不要なものを置いていると、そこに家賃が発生するなど無駄なコストがかかるとも言えます。

③トラブル防止

小さな埃でも機械が誤作動・故障することがあります。汚れのある書類をコピーしたいですか。修理費用を増やしたいですか。掃除することで、これらのトラブルを回避できます。

④コスト削減

整理・整頓・掃除について社内研修をおこない、社員の意識づけをして、掃除に積極的に取り組んだ会社があります。整理・整頓をすることで、文房具や帳票類などを必要以上を在庫として抱えていたことが判明し、大きなコスト削減を図ることができました。

さらに、社員が、モノを探す非効率な時間が減り、残業時間が削減され、結果的に会社の利益増につながりました。

「たかが、掃除、されど掃除」です。

●ファイリング

総務・人事・経理で扱う文書には、重要な契約書から一般的な社内文書まで、あらゆる種類があります。

必要なときに、必要な情報（文書）が速やかに取り出せるしくみをつくって会社に浸透させてください。これが、ファイリングの基本です。会社全員がそのしくみをわかっていて、何がどこにあるかを知っていることが、効率アップの鍵になります。

事務の生産性向上のために、どのような整理・保管方法が最適かを考えることが重要です。ファイリングの目的によって、テーマ別、年度別（時系列）、50音順などのルールに従ってファイリングします。

また、ファイル用具やフォルダーの収納用具も頻度や用途によって使い分けます。きれいで使いやすくファイリングする一番のコツは**「ルールを決める」**ということです。

①ファイリングの仕方、②ファイリングの分類、③ファイリングの方法についてルールを決めます。すでに決まったルールがあれば、それを確認して、見直してください。

●文書保存

総務人事経理は、会社の管理に関する重要な書類を多く扱います。

書類一枚でも、取扱いから保存まで慎重になってください。

会社が扱う文書には、重要な契約書から社内通知文書など一般的な文書まで、さまざまなものがあります。すべての文書をすべて同じように保管する必要はありません。**保管スペースの有効活用や事務の生産性向上のため、文書ごとに、どのような整理・保管方法が最適かを考えることが重要です。**

どのように整理して保管するかを考えることで、ファイリング能力を高めることができます。

保管方法

紙媒体として保管するメリットは、容易に短時間で探すことができ、複数人でファイルを共有して閲覧できることです。夏季休暇の管理などは管理表を他部署の人も見れるように掲示しておく方がよいでしょう。

なお、正式文書は原本保存になります。業務委託契約書などは必ず原本を保管しておきましょう。

一方、データで保管する方法もあります。

スキャンしてPDFにしてパソコンやクラウドに保存するメリットは、圧倒的にスペースが少なくて済むことです。電子化が可能かどうかをよく見極めた上で、できる限り電子化を進めていきましょう。

しかし、パソコンやUSBフォルダ破損というリスクもあります。クラウド上であっても、うっかりまたは知らずに削除してしまえば消却されてしまいます。

また、きちんとフォルダにラベルルールを決めて保存しない限り、検索して探し出すことが難しい場合があります。たとえば、マニュアルなどを担当者がつくっていても、それがどこにあるのかわからない、またはタイトルが人それぞれにつけられて予測しにくい場合もあります。時系列で探す場合も文書に日付を入れておかないと、パソコンの更新記録データが上書きされてしまい、いつの文書か不明になることもあります。マニュアルなどは、紙媒体でいつも見られるようにし、さらに修正があればすぐ書き込み、その上で定期的に更新するという方法の方が合理的です。

全体ルールが守られなければ、担当者以外の人がその記録データを見つけることすらできず、会社全体の損失になります。

保存期間

文書などは、法律で定められている保存期間を確認し、ファイリングして書類を整理してください。いままで文書の保存期間を気にしていなかった人が多いと思いますが、守らなければペナルティを受けることもあります。必ず保管期間は守ってください。

永久保存	・定款 ・株主名簿 ・登記済証（権利証）など、登記・訴訟関係書類 ・官公庁への提出文書、官公署の許可書・認可書 ・重要な権利や財産の得喪・保全・解除および変更に関する書類 ・効力の永続する契約に関する書類 ・社規・社則・重要刊行物等書類
10年保存	・株主総会議事録 ・取締役会議事録など重要会議議事録 ・満期または解約となった契約書 ・貸借対照表、損益計算書、営業報告書、利益処分案
7年保存	・決算に関する作成書類 ・年末調整書類

5年保存	・雇用期限を伴う覚書、念書、協定書 ・監査報告書 ・重要な内容の受信・発信文書 ・事業報告書 ・一般の健康診断個人票
4年保存	・雇用保険被保険者に関する書類
3年保存	・官公署関係の簡易な認可、出願などの文書 ・社内規定・通達の改廃に関する書類 ・雇入、解雇、退職に関する重要書類 ・賃金台帳・出勤簿 ・一般の社内会議記録 ・文書の受発信簿 ・軽易な契約関係書類 ・什器・備品台帳 ・労働者名簿 ・派遣元・派遣先管理台帳 ・安全衛生委員会など議事録 ・災害補償に関する書類 ・労災保険に関する書類 ・労働保険の徴収・納付等に関する書類
2年保存	・雇用保険・健康保険・厚生年金保険に関する書類

1年保存

・休暇届
・欠勤届
・住所・氏名変更届
・軽易な事項に関する書類

破棄方法

また、不必要な書類は破棄し、破棄する際は、溶解処分、もしくは、シュレッダーにかけるなど破棄する方法にも留意する必要があります。

シュレッダーは、都度こまめにしますが、ゴミを捨てる手間もかかります。溶解についても、シュレッダーをするよりは、コストがかかりますが、段ボールに破棄書類を入れて業者に依頼し、引き取ってもらえば手間は減ります。業者の中にはホッチキス付きの文書や、紙媒体だけでなくファイルごと同時に引き取ってくれます。

紙媒体とスキャンデータ保管の中間に位置する方法として、貸倉庫、トランクルームに預けるという方法があります。仕事場のそばで小さなスペースで借りることができるため、高い事務所スペース賃貸料と比較するとずっと安価です。

いずれの場合も、**保管や破棄のルールを決めておくことが不可欠です。**

第2章

総務の仕事

●総務とは

総務はどんな仕事をしているか想像できますか。

それぞれの部署がおこなうべき仕事を、総務がまとめて肩代わりしておこなうことで効率を図っています。

総務の仕事は、業務に関係ない、つまらない仕事だ、単純だ、誰でもできる、機械やロボットでもできると思っていませんか。

たしかに、業務効率のために機械化が進んでいます。しかし、社長が安心し、社員が働きやすくなる潤滑油的な仕事というのはなくなりませんし、とても大切な仕事です。

小さな会社が、強く、大きくなっていくには、総務などのバックオフィスの役割は、計り知れません。

たとえば、文房具一つからパソコン購入、ソフトやクラウドなどの設定まで、総務が社員のために仕事をしやすい環境を整備することで、社員は自分の仕事に集中できます。

掃除やビルの管理、受発注などの外部との段取りを伴う細々とした仕事を一手に引き受けているのです。

たとえ、いまはまだ10人の会社だとしても、これから、世界にはばたき、人々に喜ばれる会社に発展することもあります。社長や、社員の夢を応援する仕事、後方から支援する仕事、それが総務の仕事です。

この章では、総務経験がない人に知っておいてもらいたい、総務事務の基本知識を、1カ月以内の目標、3カ月以内の目標、1年以内の目標として説明していきます。

1カ月以内の目標

1. 受付に対応する

●受付の基本

会社によって受付の形態はさまざまです。

あなたは、会社の受付をどう思っていますか。

受付窓口に専用の人を配置している会社もありますが、多くは受付のコーナーに電話やタッチパネルを置いて連絡を取ることが多いでしょう。どのようにそれらの機器を使えばよいのかわかっていますか。わかりやすい表記が用意されていますか。

まずは、あなたにとって使いやすい受付をつくりましょう。

受付では、電話応対の窓口として、直接担当者につながる場合もありますが、はじめての来訪者やどこに連絡するか不明な場合は、総務が担当することになります。

受付窓口として

総務は、受付業務として、まず、相手の確認をします。

アポイントのあるお客様については用件を伺う必要はありません。「お待ちしておりました。○○社の○○様でいらっしゃいますね」と対応します。この「お待ちしておりました」の一言があるのとないのでは、お客様の印象は大きく変わります。

不意の来客については、「失礼ですが、ご用件はどのようなことでしょうか？」「お約束でいらっしゃいますか？」と相手と、相手の用件を確認しましょう。その確認が、取りつぎや案内の方法をどうするのか、大事な判断材料になります。

セールスの場合はあえて取りつがないでほしいという場合もあります。用件を十分に確認し、この段階において自分で判断できるときは断ります。判断できないときは各部署の確認をとってください。

お客様を案内する

なお、相手を立たせたまま待たせるのは大変失礼です。約束をしていたお客様は、すぐに応接室や会議室へ案内し、上座の席をすすめます。

上座とは、お客様が座る上位の席をさします。入り口やドアから最も遠い場所になります。

お茶やコーヒーは、すぐに用意します。

なお、総務の社員が出すか、出さないかの判断は、会社ごとに変わります。確認しておいてください。

そして、お茶は、茶托にのせて出しましょう。

会社の方針で、総務担当がお茶を出すのであれば、心のこもった丁寧なお茶出しを心がけてください。**お茶をお客様に出す際には、「失礼いたします」「どうぞ」と言葉を添えますが、会話が弾んでいる場合は省きます**。また、打ち合わせが長引く場合には、途中で、新たな飲み物を出す、お茶を入れ直すなどの心配りも喜ばれます。

お茶出しは女性の仕事とされてきました。しかし、いまは会社によっては、ペットボトルを机上や、会議室の冷蔵庫などに用意しておき、担当者がそれらを配る場合もあります。会社の方針を確認しましょう。

●自分は会社の顔

来訪者はあなた個人を訪問しているのではなく、会社を訪問しています。自分は会社の代表であると自覚し、失礼のないよう緊張感と誠意を持って応対してください。

慣れてくると、事務的な応対になることがあります。これは相手に冷たい印象を与えてしまいます。逆に、慣れてきたがために、過度に馴れ馴れしい態度で、あいさつを簡略化することがあります。どちらも、会社の顔として、正しくありません。気持ちをこめて対応をおこなってください。

来客への対応

総務担当者は、自分の仕かかり中の仕事があっても、来客があればすぐに「いらっしゃいませ」と声をかけ、丁寧に迎えてください。**お客様に「自分は大切に扱われている」と思ってもらえるように心がけましょう**。自分がお客様の直接の担当でなくても、会社のお客様であることには変わりありません。良いムードでお迎えすることで、その日の打ち合わせが良い方向に向かうかもしれません。

応接室の整理

応接室や会議室を使用した後は、使用前と同じように整理してください。

自分が使った場合でなくても片付けられていない場合には整えてください。

急なお客様があっても、応接室や会議室はあわてて片付けることのないように、整理・整頓し、掃除をしておきましょう。

不意なお客様の来客

不意の来客も当然あります。

しかし、約束をしていないからといって、適当にあしらったり、追い返したりしてはいけません。必ず、他の部署の方々に確認してください。自分が知らないだけで、実は会社にとって大切なお客様かもしれません。

「今日は立て込んでいるため、急な来客についてはお断りする」とか、「○○さんは急な来訪でも必ず取りつぐ」「担当者がいない場合は誰に取りつぐのか？」など、会社内で前もって確認しておくと、不意の来客にも落ち着いて応対できます。

確認を朝一番の仕事として習慣にしておきましょう。

またクレームや緊急案件で来訪される場合もあり、ノーアポイントであっても、クレームや緊急案件は、即対応・誠実な対応をしなければなりません。

2. 郵便物などを適切に取扱う

郵便物や宅配便は、受取も発送も総務を通しておこないます。

外部から届いたものは総務が一括で受け取ります。その後各部署や各人に渡します。

発送するときも一定の時間までに総務に依頼があったものをまとめて発送します。

自分の会社がどの配達業者を利用しているのかを確認してください。同じ発送先の場合は発送をまとめることにより、発送にかかる経費を一括管理できます。

無駄な経費をつくらないことも総務の力の見せどころです。

たとえば、郵送の場合は、同一料金の郵便を10通以上で切手を貼らずに出すことができる「料金別納郵便」や、大量にダイレクトメールを送付する場合などは割引サービスが利用できます。発信主義や○○日の消印有効といった場合は、郵便局を通じてということになります。

発信簿をつけて、紛失などトラブルが起きないように、また社内外からの問い合わせにも対応できるように管理するとよいでしょう。

●郵便物などの受取

受けとった郵便物や宅配便は、各部署や各人ごとに仕分けして配布します。

どこの部署に誰が所属しているのか、早めに覚えておきましょう。

なお、「親展」「書留」「私信」などは開封しないでください。

また、社長や一定以上の役職者宛の郵便物は、直接本人に、関係部署に渡してください。

ダイレクトメールなどは総務部で判断するなど、会社ごとに仕分けルールがあるでしょう。

その他着払いや代引きの宅配便は、本人に確認した上で受け取るようにしてください。

●郵便物などの発送

書類や物品を発送する際には、郵便局だけでなく、宅配便、メール便、バイク便、航空便といったさまざまな選択肢があります。それらの料金表を用意しておき、重要度や緊急性に応じて、柔軟に対応しましょう。

繰り返しになりますが、当日消印有効や、通知を発信した時に効力を生じる発信主義を採用している場合は、到着日が同じでも、郵便でないと認められないこともあります。重要書類を発送する場合など、その要件に従います。

●郵便に関するサービス

郵便にはさまざまなサービスがあります。重要な書類などは配達した記録が残るものを利用しなければならない場合もありますので、よく確認しておきましょう。

サービス名	特　徴
一般書留	引き受けから配達までの送達過程を記録し、万一の場合、実損額を賠償
簡易書留	一般書留より料金が割安。引き受けと配達のみ記録。万一の場合の賠償額は原則5万円までの実損額
現金書留	現金送付専用の一般書留。賠償額は50万円まで
配達証明	一般書留郵便物などを配達した事実を証明する
内容証明	○年○月○日に誰から誰宛に、どのような内容の文書が差し出されたかを差出人作成の謄本によって郵便局が証明する
特定記録	引き受けを記録し、郵便受けに配達。損害賠償はなし
モーニング10	定型、定形外郵便を引き受けた翌朝10時までに配達する
その他	速達、新特急郵便、配達日指定、ゆうメールなど

●郵便以外のサービス

郵便以外にも便利な配達方法があります。料金や条件をしっかり確認した上で、状況に合ったものを活用することが大切です。

●郵便の種類と料金

郵便物を郵送する際に、便利なオプションサービスがあるのをご存じですか。総務としては、知っているのが当たり前だと他の部署から思われます。知っているとプライベートでも役に立ちますので、早々に覚えてしまいましょう。

なお、重要な文書や荷物を送るときには、次のようなオプションサービスを利用します。郵便物の配達が遅れる、届かないなどのリスクを避けることができます。

サービス名	特徴
メール便	受領印を必要としないチラシやパンフレットを全国一律低料金で郵便受けなどに配達。届く目安として400㎞圏以外は発送日を含め4日
宅配便	年中無休で一部地域を除いて全国翌日配達

バイク便	ライダーに荷物を渡せば、そのまま送り先へと向かってくれる。配達料金は送り先と届け先までの直線距離によって決まり、宅急便よりは割高。特別急ぐ場合などに利用。セキュリティーを強化した便もある
航空便	航空機を利用することで、北海道から沖縄まで翌日配達が可能。遠隔地への配達を急ぐ場合に利用

①書留

一般書留は435円、現金書留は435円、簡易書留は320円です。

②配達証明と速達

配達証明は320円、速達は290円です。

③レターパック

レターパックプラスは520円、レターパックライトは370円です。

④その他

追跡サービス・引受時刻証明は320円、新特急郵便（おおむね午前中の差し出しで、午後5時ごろまでにスピード配達する）は834円、配達日指定は平日32円、日曜日・休日は210円です。

●切手・印紙の取扱い方

総務は、郵便物に貼る切手や契約書に使用する印紙を管理しています。

切手や印紙は、現金と同じ厳重な管理が必要です。

切手や印紙を使用する都度、記録し管理してください。①使用した日付、②使用者、③用途、④数量、⑤金額などを記録してください。

定期的にたな卸しをおこない残高の突き合わせをして、数量を確認します。必要在庫枚数を下回っている場合、補充しておくことが必要です。

3. 印鑑の種類を知る

印鑑には、実印・会社印・銀行印、認印など、さまざまな種類があります。

総務では、雇用契約、業務委託契約、リース契約など、さまざまな場面で契約書に押印することがあります。総務はその種類と使う場面を知っておかなければなりません。

印鑑は、誰が管理するのかを決め、いつ、誰が使用したのかがわかるよう押印簿などで記録、管理します。不正に使用されたり、覚えのない責任を負わされることのないよう、印鑑は厳重に保管し、取扱いは十分に注意してください。

代表者印（一般的に丸印）

代表取締役社長の印章であることが一般的です。ただ、登記所に登録することで代表者印と認められますので、社長の個人名や会社名を記さないものでもかまいません。

登記所に登録した代表者印は、印鑑証明を受けることにより、この判が正式なものとして契約や登記、重要な届出に使われます。

銀行印

取引のある銀行に届け出た印鑑のことです。預金、手形、小切手などの取引に使用されます。

会社印（一般的に角印）

会社の認印とも言えます。請求書や領収証など、日常の取り引きで使われます。

対外的に発行する書類のうち、重要や契約書や公文書には代表者印を押印し、請求書・領収書には会社印が使われます。

代表者印と銀行印と分けず、１つの判子で使用されている場合もあります。つまり、代表社印を銀行に届け出ることで銀行印とするケースです。最初に判子をつくるときに別々に作成する方が管理や保管リスクヘッジにもなります。

●書類に応じた押印

押印の仕方にはルールがあります。それは、契約が有効に成立するためです。書類の役割に応じて、押印をします。

割印

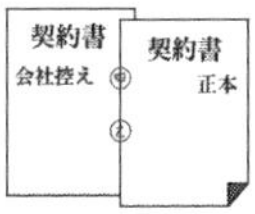

2通以上の契約書が作成されたときに、それぞれの契約書の内容が同一であり、関連性があることを示すために、書類にまたがって押印するものです。

訂正印

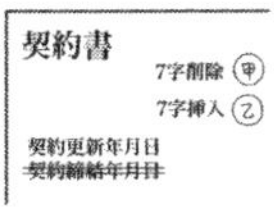

契約書の記載内容を訂正する場合に押印します。この訂正が当事者の合意があり正当な訂正であることを証明するため当事者全員の印を押します。

※訂正の時は訂正箇所の字数を明らかにし、「○字削除」「○字加入」と記載します。

捨印

後日、訂正ができるようにあらかじめ押印しておきます。訂正が簡単にできることから悪用されるおそれもありますので、契約書では捨印をしない方が賢明です。

契印

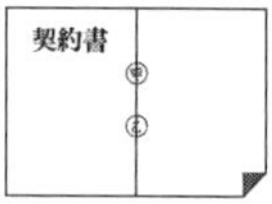

契約書の枚数が何枚にもわたる場合、すべてが一体の契約書であることを明らかにするために当事者全員がページとページの間すべてに押す印です。

消印

契約書とそれに貼付された印紙にまたがって押印します。印紙の再利用を防ぐためです。

止印

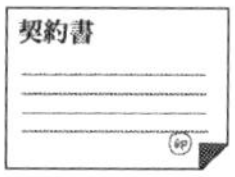

余白部分の悪用を防ぐために押すものであるため、文章の一番末尾に押します。

●契約書

契約書とは、契約内容を記した書類のことです。

知り合いなどとの信用に基づく口頭による契約、口約束といった商取引もあります。しかし、取引先と合意した内容を守られなかった時のためにも、契約したことの証明として、契約書が重要となります。

契約書は当事者が契約の合意内容を確実に把握するために2部作成し、双方で保有します。

契約書の内容は、契約締結日、契約の日付、内容、契約期間、契約金額、支払方法、支払時期などの基本事項のほか、もし契約が守られなかった場合に備えて、責任の所在、損害賠償、契約解除の条件、管轄裁判所などを記載します。

内容は、誤解が生じないように具体的に記し、サービス提供においてどこまでをどちらがおこなうのかを合意します。あいまいな場合には、弁護士など専門家に確認してください。よくわからないまま契約すると、不利な条項があった、解約しにくい条項があったということもあります。

総務がよくかかわる会社の契約書としては、金融機関からの借入の「金銭消費貸借契約」、委託や売買などに関する「リース契約書」「クラウド契約書」「商品売買契約書」「業務委託契約書」などがあります。また、事務所を借りる時の「事務所賃貸借契約書」がありますす。契約が自動更新なのか、2年で再契約なのかを確認して、契約一覧表を作成しておくと便利です。

たとえば、事務所移転に伴い解約をおこなう場合には、いつまでに申し出て解約をすることができるのか、不利な条件などはあるのかなど、細かいことも確認しておくことが総務担当に求められています。

4. マイナンバーの取扱いは特に注意する

マイナンバーは、個人ごとに付与された番号です。２０１６年１月からスタートしています。個人が識別されます。よって、総務が、最も取扱いに注意しなければならないものです。

保管方法としては、クラウドにする場合や会社のパソコン上に保管する時は、限られた担当者しか使わないこと、ウイルスに感染しないようセキュリティに配慮してください。

また、会社でコピーをして保管する時には、鍵付きの金庫に入れてください。

5. 社内文書を適切に作成する

社内文書とは、社内で取り交わす文書を言います。紙を使った文書のほか、インターネットを使った社内LANで情報発信する文書も含まれます。紙でもネット配信でも作成するポイントは基本的に同じです。基本書式やルールをきっちり押さえておきます。

いくら社内とはいえ、一度出してしまったものに誤りなどがあれば、修正して、再度交付することが必要です。誤字脱字や氏名、日付、数字などは、何度も確認してください。

●社内文書の例

社内文書として、企画書、報告書、届出書、社内連絡・通知、依頼書、協議書、記事録、規程、帳票などがあります。それぞれ、目的や内容は異なりますが、基本形式は同じです。

この基本形式は、総務以外でも役に立つので覚えていきましょう。

●文書作成の3つの基本条件

文書は、①わかりやすいこと、②簡潔であること、③6W2Hで作成することが、基本です。次ページの基本書式を参考にしてください。

①わかりやすいこととは、形式（書式）を整えることです。
②簡潔であることとは、伝えたいことがスッキリと伝わる表現であることです。
③6W2Hとは次の表の通りです。

WHO	（誰が）作成者
WHOM	（誰に）受信者
WHAT	（何を）文書の内容・趣旨・意図
WHEN	（いつ）作成年月日・指定期日・時間
WHERE	（どこで）会場・行き先・集合場所
WHY	（なぜ）作成目的・理由・背景
HOW TO	（いかに）進め方・取引上の条件や方法
HOW MANY（HOW MUCH）	（どれくらい）経費・金額など

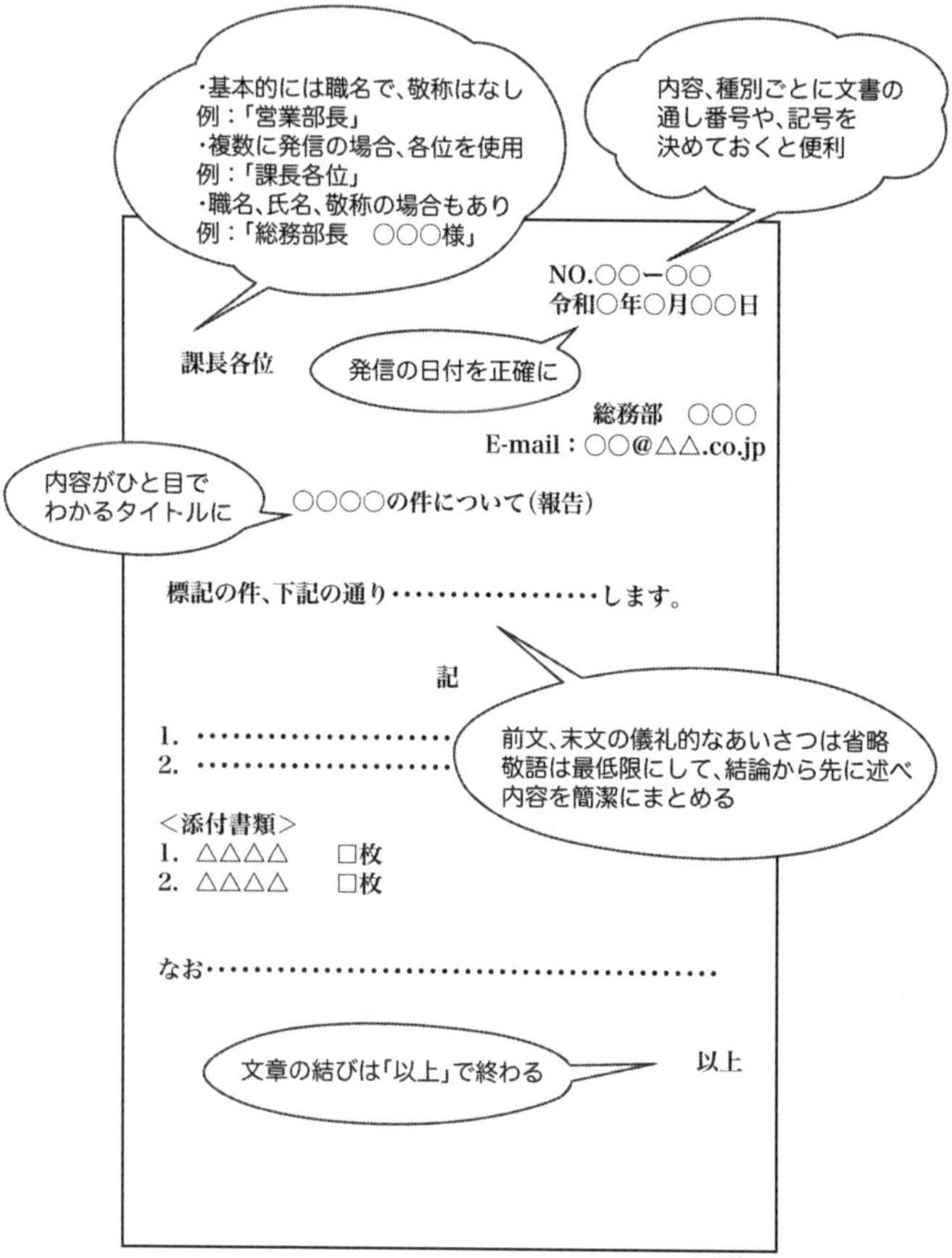
NO.○○ー○○
令和○年○月○○日

課長各位

総務部　○○○
E-mail：○○@△△.co.jp

○○○○の件について（報告）

標記の件、下記の通り‥‥‥‥‥‥‥‥‥‥‥します。

記

1. ‥‥‥‥‥‥‥‥‥‥‥
2. ‥‥‥‥‥‥‥‥‥‥‥

＜添付書類＞
1. △△△△　□枚
2. △△△△　□枚

なお‥‥‥‥‥‥‥‥‥‥‥‥‥‥‥‥‥‥‥‥‥‥

以上

・基本的には職名で、敬称はなし
例：「営業部長」
・複数に発信の場合、各位を使用
例：「課長各位」
・職名、氏名、敬称の場合もあり
例：「総務部長　○○○様」
内容、種別ごとに文書の
通し番号や、記号を
決めておくと便利
発信の日付を正確に
内容がひと目で
わかるタイトルに
前文、末文の儀礼的なあいさつは省略
敬語は最低限にして、結論から先に述べ
内容を簡潔にまとめる
文章の結びは「以上」で終わる

社内文書例①

NO.○○○ー○○
令和○年○月○○日

> メールで返答をもらいたい時には
> メールアドレスの明記も忘れずに

担当者：総務部○○
E-mail: ○○@△△△.co.jp

> 敬語やあいさつ文を多用せず
> 要点がすぐわかるよう
> 簡潔に書く

来期導入新システム説明会のお知らせ

営業部のスタッフを対象に、下記の要領で来期に導入を行う予定の新システムについて、説明会を実施します。

該当者全員の出欠の可否を○月○日までに、総務部○○または△△までメールにてご連絡くださいますようお願いします。

> 出欠の可否などの
> 返答が必要なら、
> その旨きちんと
> 書いておく

記

1. 目的：新システム□□の導入を前に、営業部ス
　　　　機能説明と使用方法の周知を図る
2. 日時：○月○日(金曜日)　午後1時〜午後5時
3. 場所：本社研修センター
4. 議題：①□□の機能と使用方法について
　　　　②質疑応答、その他
5. 講師　開発部　××氏

> 日時だけでなく、
> 具体的な議題なども
> あるとわかりやすい

以上

社内文書例②

NO.○○○ー○○
令和○年○月○○日

社員各位

総務部　○○
E-mail:　○○○○@△△△△.co.jp

ハラスメント研修会について

研修会を下記の要領で実施します。
参加希望者は○月○日までに総務部へ研修申込書をご提出ください。

記

1、日時　　令和○年○月○日(木曜日)
　　　　　午後3時～午後5時
2、場所　　会議室
3、講師　　株式会社ハラスメント研修所　××××先生
4、内容　　ハラスメントに関する基礎知識の習得
5、テキスト　『ハラスメント基礎知識』を当日配布します

以上

曜日を入れておくと
読み手がカレンダーを
確認しなくて良い
ちょっとした配慮も必要

パッと見で用件が分かる
ようにすることが大切！

6. 社外文書を適切に作成する

社外文書は社内文書以上に注意が必要です。

間違った敬語や書式などを使った文書を外部に発信すると、あなただけでなく、会社のイメージダウンにつながることもあります。総務として、基本の「書式」は必ずマスターしてください。

社外文書として、取引文書、通知状、紹介状、督促状、請求書、覚書、あいさつ状、招待状、案内状、見舞状、お礼状、契約書、催告書などがあります。

社外文書の流れは、①頭語→②時候のあいさつ→③安否のあいさつ→④感謝（お礼）のあいさつ→⑤起辞→⑥主文→⑦末文→⑧結語です。

それぞれについて具体的に説明しますので、次ページの社外文書例を参考にしながら、作成しましょう。

社名や部署名は省略しないのが原則。誤字脱字がないか要確認

外部宛の文書に管理番号をふる会社もある

NO.○○○－○○
令和○年○月○○日

社名や代表取締役社長名で発信するときは社印や代表者印を押印する

○○経済大学　経済学部
教授　守田 進　様

株式会社　EBSシステム
代表取締役社長　長野智久

社外文書は必ず担当者名と電話番号を入れる

担当者：総務部　加藤なつき
電話：○○－○○○○－○○○○

頭語と結語は組み合わせが決まっているので注意！

貴社、貴所、貴校、貴行など的確に使い分ける

ご講演のお願い

拝啓　新緑の候、貴殿ますますご清栄のこととお喜び申し上げます。平素はひとかたならぬご高配をいただき、心より御礼申し上げます。さて、弊社では顧客を対象として、随時、幅広い知識と教養を得るために、懇親を兼ねた講演会を行なっております。

　つきましては、ご多忙のところ誠に恐縮ですが、下記のとおり開催したいと存じますので、ご出講いただきますようお願いもうしあげます。

　まずは書中をもちましてお願い申し上げます。

敬具

頭語に合わせた結語に

記

1．　日時　　令和○年○月○日(土)13:00～15:00
2．　場所　　○○ホテル
3．　テーマ　来年の経済状況について
4．　受講者　顧客　100名
5．　添付書類　会場ご案内図

以上

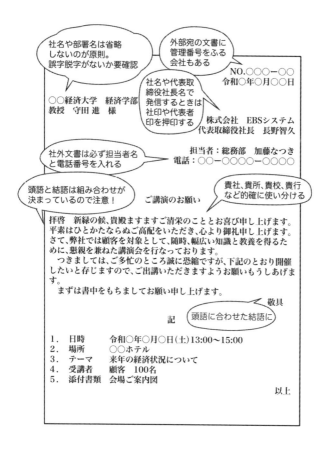

●頭語と結語

社外文書には頭語と結語が必要です。**頭語とは文の冒頭に使う、相手に敬意を示す慣用句で、結語とは「失礼いたします」の意味で最後につける言葉のことです。**頭語と結語は対応させ、ＴＰＯに合わせて使うようにしましょう。

	頭語	結語
一般の手紙	拝啓・拝呈・啓上	敬具・拝具・敬白
あらたまった手紙	謹啓・謹呈	謹白・謹言
略式の手紙	前略・冠省 前略ごめんください	草々・早々
急ぎの手紙	急啓・取り急ぎ申し上げます	草々
はじめての手紙	はじめてお手紙を差し上げます 突然のお手紙を差し上げる無礼をお許しください	敬具・敬白
返信	拝復・復啓	敬具・敬答

※略式・急ぎの手紙では前文を省くことがあります（前略とは「前文省略」のこと）

●時候のあいさつ

時候のあいさつは、月によって使うものが決まっています。また、漢語調と口語調の2つの表現があるので、上手に使い分けましょう。

1月　睦月	松の内も明けましたが　例年になく暖かい日々ですが	新春の候　厳寒の候　初春の候　大寒のみぎり
2月　如月	立春とは名ばかりの寒さが続きます	立春の候　向春の候　春寒の折　晩冬のみぎり
3月　弥生	日増しに春らしくなってまいりました	早春の候　春暖の折　朝春のみぎり
4月　卯月	いよいよ春もたけなわとなってまいりました	仲春の候　陽春の候　桜花の季節　春爛漫の候
5月　皐月	風薫るさわやかな季節になりました	新緑の候　晩春の候　若葉の季節　薫風のみぎり

6月　水無月	あじさいが色鮮やかな季節になりました	初夏の候　向暑のみぎり　梅雨の候
7月　文月	長い梅雨もようやく明けましたが	盛夏の候　炎暑のみぎり　暑さ厳しい折
8月　葉月	厳しい残暑が続く毎日ですが	残暑の候　晩夏の候　早くも立秋を迎え
9月　長月	さわやかな初秋の季節となりました	初秋の候　新涼の候　秋分のみぎり
10月　神無月	木々の紅葉も日ごとに深まり	初仲秋の候　清秋のみぎり　菊薫る季節となり
11月　霜月	朝夕はひときわ冷え込む季節となりました	晩秋の候　向寒のみぎり　初霜の候
12月　師走	心せわしい師走となりましたが	初冬の候　師走の候　あわただしい年の瀬をむかえ

●安否のあいさつ

社外文書では、用件の前にあいさつの言葉を添えます。相手や文書の内容に合わせたあいさつ文を使いましょう。ただし、文書によっては省略することもあります。

①会社・団体の場合

貴社 貴行 貴所 貴校	ますます いっそう 一段と いよいよ	ご清栄 ご清祥 ご隆盛 ご隆昌	のことと の由 の段	お慶び申し上げます 何よりと存じます 大慶に存じます

②個人の場合

貴殿 貴下 ○○様には	ますます いっそう いよいよ	ご健勝 ご壮健 ご活躍	のことと のご様子 の趣	お慶び申し上げます 何よりと存じます 拝察いたします

●感謝のあいさつ

平素は	格別の	ご愛顧	をいただき	厚く	お礼申し上げます
日頃は	格段の	お引き立て	を賜り	謹んで	感謝しております
毎度	多大な	ご配慮	にあずかり	心より	
毎々	特別な	ご高配	くださり		
常々	何かと	ご指導			

間違えやすい感謝のあいさつは次の通りです。

×「平素より、格別のご愛顧を」　↓　○「平素は、格別のご愛顧を」

×「厚く感謝申し上げます」　↓　○「深く感謝申し上げます」

×「深くお礼申し上げます」　↓　○「厚くお礼申し上げます」

●お礼のあいさつ

相手との関係性に合ったあいさつ文を使います。

先日は	ご多用中にもかかわらず	厚くお礼申し上げます
先般は	ご引見を賜り	誠にありがとうございます
このたびは	ひとかたならぬお世話になり	心より感謝いたしております
在任中は	格別のご懇情を賜り	
先般参上の節には	ご支援を賜り	

●主文の起辞

主文に入る前に、相手にここからが主文であると伝えるために「さて」「ところで」「早速ですが」「このたび」などを入れます。

●主文を締めくくる末文

末文とは用件の最後を締めくくるためのあいさつ文です。パターンを覚えて状況に合わせて使い分けるようにしましょう。

まずは	書中をもちまして	お礼	申し上げます
取り急ぎ	書面にて	ご案内	まで
まずは略儀ながら	書面をもって	ごあいさつ	
		ご祝辞	

●文書を作成したら必ず確認

書き終えた後の最終チェックです。

社外文書に失礼や誤りがあると取り返しのつかないことになりかねません。文書を作成し終えたら、次の項目を必ず確認する習慣をつけて、ミスのないようにしてください。

文章作成のためのチェックリスト

- □表題・件名と内容は合っていますか？
- □書き漏れはありませんか？　6W2Hの確認！
- □数字・名称に間違いはありませんか？
- □誤字・脱字・誤変換はありませんか？
- □内容は首尾一貫していますか？
- □結論を先に書いていますか？
- □短文になっていますか？　一文の目安は40～50文字！
- □文体は統一されていますか？　「です・ます調」と「である調」が混在しないように！
- □同じ言葉を多用していませんか？　言い換えなどの工夫により繰り返しを避けましょう
- □二重否定を多用していませんか？　肯定なのか否定なのか紛らしくなります
- □敬語を正しく使っていますか？　尊敬語・謙譲語・丁寧語を使い分けましょう
- □接続詞を多用していませんか？　使い過ぎはかえってわかりづらいもの

文書だけでなく、**封筒の使い方・書き方が適切で丁寧であれば、最初に受けとったときに相手が受ける印象が良くなります。**これは、日常生活でも同じです。

一般的に、他部署より総務ではよく封筒を書くことになります。一度きちんとマスターすれば習慣的に正しく使うことができますので、細かい部分も確認しておいてください。

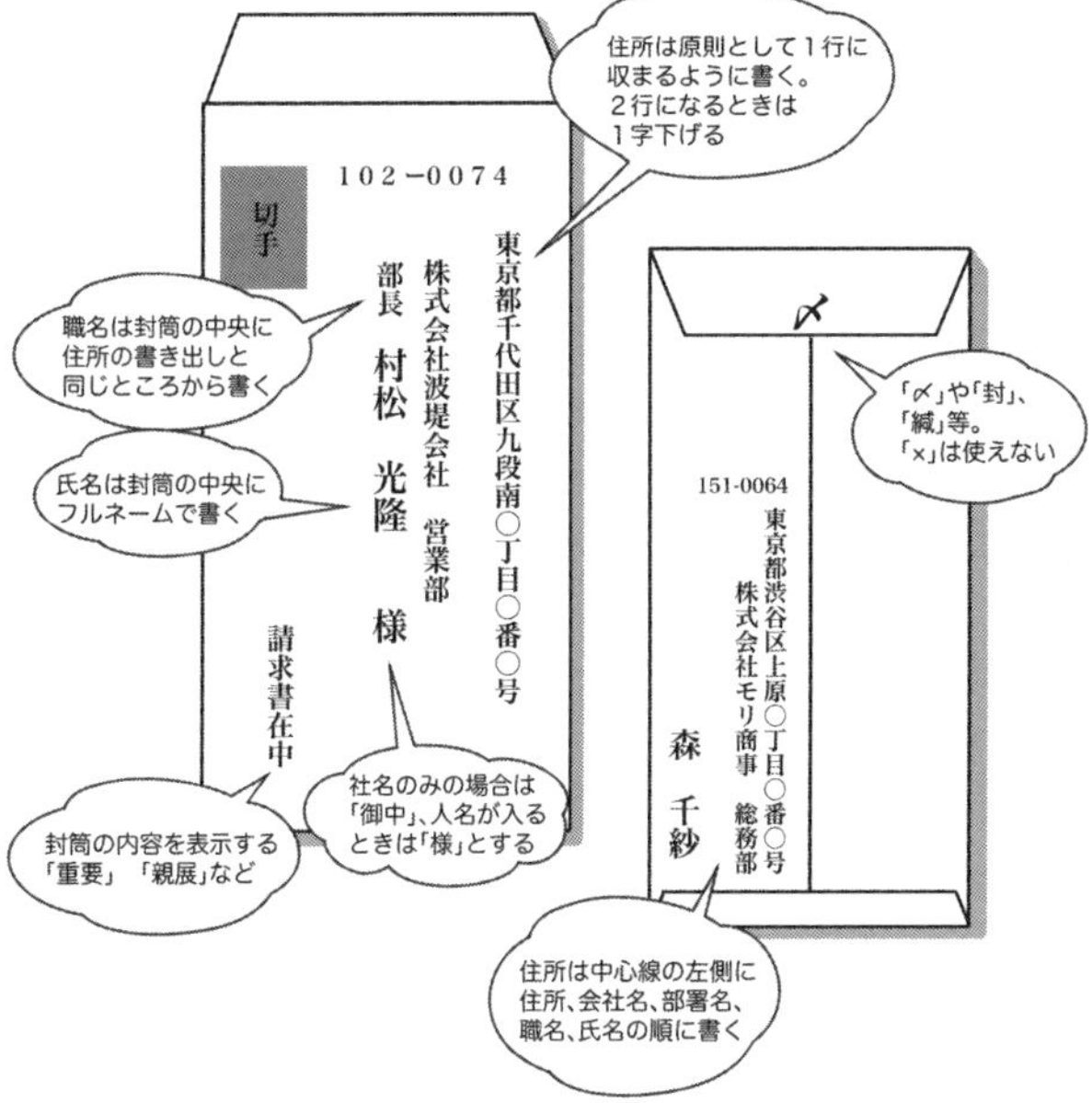
住所は原則として１行に収まるように書く。２行になるときは１字下げる
102−0074
切手
東京都千代田区九段南○丁目○番○号
株式会社波堤会社　営業部
部長　村松　光隆　様
請求書在中
職名は封筒の中央に住所の書き出しと同じところから書く
氏名は封筒の中央にフルネームで書く
社名のみの場合は「御中」、人名が入るときは「様」とする
封筒の内容を表示する「重要」「親展」など
〆
「〆」や「封」、「緘」等。「×」は使えない
151-0064
東京都渋谷区上原○丁目○番○号
株式会社モリ商事　総務部
森　千紗
住所は中心線の左側に住所、会社名、部署名、職名、氏名の順に書く

7. メールの書き方と取扱いに注意する

メールも基本的に文書と同じです。

しかし、メールは、世界中の人に対して、時間を気にせずに配信できる大変便利なツールです。

ただし、使い方を間違えると、取り返しのつかない大きな失敗になる可能性もありますので、メールのデメリットをよく理解しておきましょう。

メールのメリットは、前述の通り、時間を気にせず世界中の人に同時に配信できることです。

デメリットは、メールを送信しても、相手に到着していなかったり、相手が見落としてしまっていたりすることです。メールを送信した後に、電話などで内容をフォローすることも大切です。

注意しなければならないのは、謝罪する場合です。

謝罪をメールでおこなうことで、相手をより怒らせてしまう場合があります。相手と直接話せないので、感情的なトラブルや意思疎通に誤解が生じることがありますので、重要な案件や深刻な事柄、謝罪などにメールは、不適切です。

なお、メールアドレスも個人情報ですので、必要以上に公開しないよう配慮する必要があります。ＢＣＣ（ブラインド・カーボン・コピー）を利用して、その人にメールが届けられることを「宛先（ＴＯ）」「ＣＣ」に知らせたくないときなどに使用します。

適切な件名を記入するように心がけ、不用意に「緊急」「重要」は使わず、「お願い」や「お知らせ」のみのあいまいな件名も避けるようにします。

発信者（署名）を文末に入れておくことで、送信者が明確になりますし、相手が連絡するときに便利です。

3カ月以内の目標

1. 信頼関係を築く

総務担当者は、納期や段取りがあるために、時間をコントロールしなければなりません。それは、自分に対しても、他の人に対しても同じです。

荷物の集配時間を守らせたり、書類を期日までに出すように催促することも多いため、怖い、厳しいなどのイメージを持たれがちです。日頃から社員との信頼関係を築き親しみやすくなっておいた方が、社員は書類の書き方や手続き方法について相談しやすいでしょう。また、社員にとって働く環境に問題ないかなどの情報も入ってきやすいでしょう。

総務の仕事の多くは庶務などの小さな作業の積み重ねです。この作業の中で、信頼関係を築かなければなりません。

そのために総務は、次のことを意識してみてはいかがでしょうか。

●すぐに対応する（即日対応）

前述の通り、総務は頼りにされることが大事です。

「あれ、まだ着手していなかったの？」「頼んでも遅いから自分でやったほうが早い」などと思われてしまうと、信頼されることはありません。残念なことです。

誰でも自分が依頼したことは、少しでも早く対応してほしいものです。待たされると、後回しや忘れられているのではと、不安に思うかもしれません。**すぐに対応して完了報告することで、社員に安心を与えることができ、信頼関係も芽生えます。**さらに、自分も依頼者も気持ちが良くなります。

時間がかかるときやすぐに対応できないときは、そのことを相手に伝えましょう。

総務の仕事は、あとでやろう、まとめてやろうとするとうっかり忘れてしまったり、かえって時間がかかってしまうことさえあります。その日のうちに確認すれば済むことを、明日にすると、社員が休んでいる、外出・出張で不在ということもあります。電話や対面で1分で終わる仕事が、適切な文面のメールを考えて送信しなければと時間がかかってしまうということにつながります。

その仕事は、今日でもあとでも、やるということでは同じです。

すぐに対応すれば、たとえミスが起きてもその対処ができるので、結局は自分のためになります。

●質問には的確に答える

社員から総務に関する問い合わせを受けたときには、担当者として答えられるようにしてください。そのためには、自分がわかっていることと、わからないことの区別をつけ、疑問に思っていることはそのままにしないことです。わからないことは、「調べてあとで連絡します」と正直に答えましょう。

社員から問われる質問の内容は、1回限りではなく汎用性があるものも少なくありません。電話対応や郵便物の取扱いについては、入社や退職をする社員から同じ質問を受けますので、質問内容を想定して、あらかじめその答えを用意しておきましょう。

●できるだけわかりやすく伝える

総務は電話対応の窓口だと説明しましたが、**その電話でよく質問されるのは、道順です。**お客様から電話で会社の近辺から会社への道順や、最寄り駅の出口番号をたずねられたとき、正しくに伝えられるでしょうか。

自分にとってはいつもの決まった通勤経路であっても、それを電話口で説明するのは、なかなか難しいものです。「出口は東口だったかな。西口だっけ」「Ｃ１かＣ２」とあやふやなこともあります。そこで、**箇条書きで道順をメモしたものを用意しておいてください。**問い合わせがあったときにそれを見ながら電話口で説明することができ、ぐっとわかりやすくなります。

道順だけではありません。総務の仕事は、社員やお客様に、何かを伝えたり、説明したりすることが多いものです。

会社の住所や電話番号、ファックス番号を聞かれたときにも、焦らずに答えられるように、名刺を一枚机の上に置いておくのもよいでしょう。

どう表現すれば相手に伝わりやすいかということを考えたり、想像したりすることで、相手からの信頼を得ることにつながります。伝える力を磨いてください。あなたの仕事が面白くなります。

2. 防災管理をする

地震や台風などの自然災害が現実に発生しています。

総務は、社員全員の安全管理もしなければなりません。

災害が起こったとき、各部署では部署内の人同士の安否確認がおこなわれても他部署のことは知りません。総務が確認して把握しなければなりません。

災害が起きることの備えが必要になります。備えを想定していればその後の復旧や再開が早いというデータがあります。

災害を想定した準備

あなたは消化器の使い方を知っていますか。

実際に消化器を使ったことがないにしても、総務としていざという時のために、どの部分をひっぱるか、押すかなど調べて使えるようにしておきましょう。

もちろん、**入居しているビルなどで年に1回の防災訓練があれば参加してください。**定期的にビル全体の防災訓練がおこなわれない場合は、消化器の使い方、大型のホースの使い方、避難経路、避難場所などの確認を積極的におこなってください。

社内においては、**ヘルメット、避難バック、備蓄品の確認や入れ替え、加入保険の該当範囲の確認**をおこないます。

データでは、総務担当者が、何の保険に加入しているのかさえわからない会社が3割を占めます（中小企業白書より）。これでは、災害が発生した場合に職員の安全を確保できません。保険の書類をいますぐ確認してください。なお、保険の見直しをして、加入して、1カ月後に大型災害が発生したというケースもあります。

マニュアル作成

また、大規模災害が起こった場合にどう対処するかのマニュアルをつくるのも総務の仕事です。

実際の安否確認は、次のようにおこないます。

・会社の掲示板を通じておこなう
・緊急連絡網をつくっておく
・社員の誰か緊急連絡先を知っておく

・出勤ができない状況が続く場合の在宅勤務を検討する

出勤ができない在宅勤務の場合のパソコンのセキュリティ対策や、情報共有のクラウド化なども見直しておいてください。総務は、会社の管理部です。会社の状況を把握してください。

何もない時にこそ危機感を持って対策をしておきましょう。備えあれば憂いなしです。

1年以内の目標

1. 慶弔時に対応する

結婚や出産などのおめでたいことを慶事、おくやみごとは弔事と言います。社内の慶弔時はもちろん、取引先・関係団体の慶弔時の対応も総務の仕事です。基本的なマナーを身につけておく必要があります。このマナーは社会人としての常識ですので、いま、ここで、身につけておきましょう。

基本的なマナーを身につけた上で、相手とのつきあいの程度を考慮し、どのように対応するかを判断するのが総務の仕事です。場合によっては、社長の指示を仰ぐことも忘れてはなりません。迅速に手配できるようになりましょう。

●慶事のマナー

慶事のマナーとして大切なのは、①お祝いのタイミングを逃さないことと、②相手とのつきあいの程度やお祝いごとの種類によって適切な対応をすることです。祝賀会などの招待状を受けとった場合にはできるだけ早く返事をします。その際には、表面は相手の会社名に「御中」（名前の場合は「様」）をつけること、裏面は「御」や「ご芳名」の「ご芳」という字を二重線で消してください。なお、出席の有無にかかわらず、お祝いの言葉を添えるとよいでしょう。

●弔事の対応

総務は、悲しい出来事にも冷静かつ迅速に対応しなければなりません。

社員やその家族の訃報の連絡、新聞などにより取引先や関係者の訃報の知らせがあった場合は、すぐに社長に報告します。相手によって対応が変わりますので、確認しましょう。

次の①の事務対応をおこないつつも、社員の心境に配慮した態度を示し、社員の悲しみに寄り添うという気持ちも忘れてはなりません。

①状況確認

弔事の対応として、まず、誰が亡くなったのかを確認します。そして、通夜・葬儀・告別式の日時、場所および喪主とその関係を確認します。ここで間違いは許されません。名前の漢字などもきちんと確認してください。

②会社としての対応

①の状況を確認した後、どのように対応するかを社長に相談します。弔電のみの場合、香典や供花を送る場合、お通夜や告別式に参列する場合など、相手とのつきあいの程度に応じて変わってきます。

社員の家族が亡くなった場合には、お通夜や告別式のお手伝いをする場合もあります。必要に応じて、社内の各部署への訃報の連絡も忘れないようにしましょう。

●弔電のマナー

弔事ではマナーと礼儀を守らなければなりません。

不幸が重なるという意味合いを避けるために「度々」「重ね重ね」「ますます」といった重ね言葉を使わないなど、独特のマナーを守ってください。その他、参列時の服装、香典についてては次の通りです。

①参列の服装

お通夜でも告別式でも喪服を着用します。

お通夜は急な場合が多いので、平服でもよいとされていますが、たとえ平服でも色の明るい派手な格好はふさわしくありません。黒い洋服が間に合わない場合は、ダークカラーの洋服で、女性はアクセサリーなどをはずし、化粧は薄めにして参列します。

②香典

香典袋に、誰からなのかを薄墨で記名します。

会社名なのか、会社の部署名なのか、個人名なのか、参列する立場によって表書きの名前が違ってきます。

香典はふくさに包んで持参し、受付で記帳するときに両手で渡します。その際には、「この度はご愁傷様でした」「残念でございます」「生前はお世話になりました」などのお悔やみの言葉を述べます。

香典袋の種類

共通
・御霊前

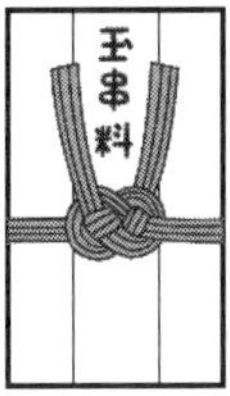

神式
・玉串料
・御神前

仏式
・御香典
・御香料

キリスト教式
・御花料

●電報の基本

日常生活では電報は身近でないかもしれません。

しかし、総務では慶弔時に電報を手配します。

総務で手配する電報は、社員の慶弔時に社長名で打つものや、取引先の社員の慶弔時に社長または関連部署の名前で打つものが多いです。必要なときにスムーズに手配できるように、電報の手配についてマニュアルを作成しておきましょう。

①祝電の場合

お祝いの場合には、祝電です。

事前にわかっていることが多いので、「配達日指定」を利用し、式典や披露宴が午前の場合は前日の午後までに、午後におこなわれる場合は、当日の午前中までに届くように手配してください。

②弔電の場合

お悔みごとは突然ですが、弔電をできるだけ早く手配します。

宛名は喪主にします。喪主がわからない場合は、「故○○様　ご遺族様」としましょう。

2. 株主総会に対応する

いままでの生活において、株主総会というのは無縁の方が少なくないでしょう。

しかし、株式会社に勤めた場合、総務は、株主総会についても、開催のための手配をおこなう必要があります。

そもそも、**株主総会は、会社経営に関する基本的な方針や重要な事項を決議する「最高意思決定機関」を言います。**

決議事項としては、決算の承認、取締役や監査役の選任や解任、定款変更、合併などで、取締役の報酬変更なども株主総会での決定事項です。そのため、株主総会の開催は、会社にとって、最も重要な行事となります。

総務の仕事は、決算日が過ぎてから株主総会開催までの間のスケジュールを決めて、準備・運営を取り仕切ることです。

●総会がおこなわれる時期

定時株主総会は、会社の決算を終えてから、その結果を受けておこなわれます。決算日後3カ月以内に開催しなければなりません。多くの企業は3月末が決算となり、株主総会は5月から6月中におこなわれます。

なお、臨時株主総会は時期の決まりはなく、急な議題が生じた場合に開催します。

●定時株主総会の準備から総会後までの流れ

定時株主総会にあたって、総務は、総会開催の事前準備として、**株主に開催を知らせる招集通知書を株主に送付**します。そして、①**総会当日の準備**、②**受付**、③**株主総会開催**、④**総会後の実務**を担当します。事前確認をおこない、リハーサルなどをして、当日はスムーズに進行できるようにします。

①総会当日の準備

総務担当として、会場を設営し、音響と映像機器の準備・点検・確認をして、総会資料と記念品を準備します。

②受付
株主の資格審査（株主名簿、出席票、委任状、議決権行使書など照合・確認）をして、会場へ誘導し、案内をしていきます。そして、委任状を含めた定足数を確認後、会場を警備します。

③株主総会開催
議事進行を確認します。不快な音が出ないように説明使用機器を操作します。そして、議長補佐として進行を支えます。

④総会後の実務
総会が終わった後、総務が議事録を作成します。総会において役員の改選があった場合には、登記手続きをします。そして、議事録の閲覧を希望者される方へ対応準備をしておきましょう。決算書を含む事業報告書を作成し、株主へ送ります。

3. 年賀状と粗品に対応する

年賀状の準備などは、総務がおこないます。

年末は各部署ともあわただしくなります。12月になってあわてなくて済むように、早めに準備をおこないましょう。

12月までに送付リストの作成をして、各部署から送付枚数を集計します。そして、送付数は多めにして印刷業者に発注もしくは自社で印刷して用意します。印刷業者発注の場合、10月末までの早い時期に注文すると、大幅な割引になり、社内での印刷代のコストよりも安価になります。早めに対応しておきましょう。

年賀状

書き損じや、返信の場合も想定して少し多めに発注しますが、無駄の出ない適正数にすることが大切です。例年の余った数などがわかれば推測できるでしょう。

印刷の前に、相手の肩書の変更の有無、会社移転による住所変更の有無、12月中頃に届く喪中の有無など、再度確認をおこなってください。弔事があった取引先に年賀状を発送することがないよう注意します。

年賀状は、届く時期も大事です。元旦に届くよう投函します。なお、企業宛に送る場合には、遅くとも企業の仕事始めの日に届いていればよいでしょう。

年初は、リストとのすり合わせをして、年賀状を出していないところには返礼のハガキを出します。返礼が遅くなる場合（1月7日以降）は、寒中お見舞いとします。

年賀状以外の粗品

年賀状の送付だけでなく、年末の挨拶まわりや、年始の挨拶まわりをおこなう会社は、それに合わせて、携行品や発送物の手配をします。

総務としては、**何を用意するのかを確認してください**。

壁に掛けるカレンダーや卓上カレンダー、また手帳やタオル、付せんなどに会社の住所などを印刷したものを作成しますが、発注から納品まで時間がかかります。持参する時までに計画的に依頼・発注しましょう。

4. 年間計画や年間行事を策定する

スケジュールの策定

総務では、会社の1年間のスケジュールをつくります。

入社式や新入社員研修などの年間行事や年間の休日などの年間計画を策定します。

休日については、夏休みが、「盆休み」もしくは「7から9月中に取得」とするのか、また「年末年始休暇」の日程、「仕事納めや仕事始めの日」についても決定します。その他、社員の健康管理のための健康診断、新入社員のための歓迎会、1年間の社員の労をねぎらう忘年会、働く場所を清潔に保つとともに感謝するための大掃除、そして防災訓練は、最低限1年のカレンダーで決めて発表してください。

また、会社移転などが考えられる場合も、年間予定に組み込んでいきます。

周知

組織変更や人事異動についても、時期を考慮して、みなさんに周知してください。

会社の設立記念日は社員全体に周知できるようにします。福利厚生的な各個人に即した休暇（たとえば、誕生日休暇や永年勤続休暇）がある場合には、その旨を周知してください。

●経営計画の策定

経営計画は、人事、経理、総務の仕事なのかはっきりしません。しかし、会社の数字を把握して、社員に発表していくことは必要です。

総務担当としては、経営計画に関してどのように携わるのか、上司や社長に事前に確認しておきましょう。

会社が小規模であれば、会社のビジョンやミッション、夢、こうなりたいというイメージを会社全体で共有していくことはとても大切なことです。

第3章

人事の仕事

●人事とは

人事の仕事とは、人を扱うという意味において、人材マネジメントと称されています。具体的な人事の仕事は、人の採用から退職に至るまでの一連の流れの中で、社員が活き活きとやる気を持って働けるようにマネジメントしていくことです。

ここでとても重要なのが「採用」です。

企業の採用コストも年々増加しています。人手不足、労働力人口の不足にあって、採用そのものが難しくなっており、いかに自社のことを知ってもらうか、魅力ある仕事を魅力的な仲間とできるかをＰＲしていくことが大切です。

そして、労働人口が減り続けている採用難の時代には、中途採用した人材をいかに早く会社に慣れさせて、即戦力として活躍してもらうかが大切になります。

中途採用者を、職場に配置し、組織の一員として定着させて、早くに戦力化させるまでのプロセスを「On boarding」と呼びます。中途採用者の定着・活躍を、現場に任せるだけではなく、人事担当者も、面談をおこなって、その不安や心配などの課題に、早めに対応することが定着率アップの鍵になります。

会社を成長させて発展させるのは、社長だけでなく一人ひとりの社員です。その社員の力を発揮させるためのしくみづくりが人事の仕事になります。

人事を担当することになったら、**経営戦略にそった人事戦略、戦術を立てる企画力と推進力を身につけていきましょう。**

この章では、人事業務を適切におこなうための基本知識について、1カ月以内の目標、3カ月以内の目標、1年以内の目標として説明していきます。

1カ月以内の目標

1. 給与のしくみを知る

給与とは、社員の労働の対価として会社が支払うものです。

社員の生活を支える大事なものです。

人事はこの大事な給与を取扱いますので、慎重かつ正確な業務が求められます。具体的には、**給与計算して賃金台帳を作成し、支払いの手続きをおこないます**。

給与計算は、ソフトなどを使用して計算しますので、数字さえ入力すれば給与計算そのものはできますが、その枠組み、基本体系を押さえてください。

社員の中には、銀行に振り込まれた手取り額しか関心がない方もいます。しかし、人事は、支給した給与の他に、法定福利費と呼ばれる法律で定められた会社が負担する社会保険料や、それぞれの会社が独自に設けている福利費なども負担しなければなりません。

さらに、企業によっては、退職金制度を設けて、社外の団体（生命保険会社や中小企業退職金共済など）に、毎月積み立てをしている場合もあります。

したがって、人件費とは、額面の給与総額に法定福利費や法定外福利費（特別休暇や社員食堂、宿泊施設やスポーツクラブなどの補助など）、退職金積立金や教育研修費などをたした総額になります。

会社ごとにその福利厚生の幅は異なりますが、給与額の1.4倍から2倍が人件費です。

●給与体系

給与体系は、基本給＋諸手当に大きく分けることができます。

基本給を年齢給、勤続給、評価給、職能給、業績給などに分ける場合もあります。

手当は、通勤にかかわる費用としての通勤手当の他、役職手当、資格手当、家族手当（扶養家族がいるとき）、住宅手当などがあります。

入社した直後に、会社のルールである「給与規程」「給与マニュアル」などにより、給与の全体像を把握し、その後、基本給やその他の諸手当などを確認してください。

会社ごとにその種類や支給内容は違っていますので、どういうルールに則って、諸手当が支給されているか、一つひとつ把握しておきましょう。

2. 労働時間を管理する

人事は、社員の労働時間の管理をおこないます。

労働時間の管理とは、残業にまつわる時間外労働の管理だけではありません。たとえば「裁量労働制」という制度では、システム設計開発、デザイナーなど指定された業種が専門職とされ、自分の裁量で仕事をすることにより、労使協定で定められた時間を働きます。よって、原則として時間外労働は生じません。しかし、だからといって出退勤の時間管理をしなくてよいわけではありません。人事として、どのような勤務形態をとっているかを把握した上で、すべての社員の労働時間を管理してください。

●年次有給休暇

年次有給休暇は、働き方改革により、2019年4月からは5日を超える日数を義務として取得させなければなりません。つまり、会社は有給休暇の付与日と取得日数を管理するだけではなく、少なくとも5日を取得したかどうかも管理して、取得をうながす施策をおこないます。

3カ月以内の目標

1. 入退社の手続きを適切におこなう

入社・退社にあたっては、社内手続きと社会保険などの役所に対する手続きがあります。人事は、できるだけ早く、個別に対応をおこないます。また、個人情報を取扱いますので、情報は慎重に管理してください。たとえば、社員がどのような労働契約を結び、どのような就業形態なのかを社員別に把握して、情報を管理します。

●入社手続き

中途入社者は、期待と不安の気持ちを持っています。その不安を取り除き、早く慣れてもらうためにも、会社のことを伝え、会社全般についての質問についても対応できるような体制や雰囲気をつくってください。

社内手続きは、会社により異なりますが、採用により、入社時に住民票記載事項証明書、年金手帳、雇用保険被保険者証、個人番号通知カードなどを提出してもらいます。会社は、社員情報を記した「労働者名簿」の保存義務がありますが、人事情報システムに登録して保存する場合がほとんどです。入社時の健康診断はぜひおこなってください。ただし、中途入社者が半年以内の診断結果を提出すれば、入社時の健康診断は省略できます。

人事は多くの個人の情報を扱いますので、個人情報保護法の観点から、集めた書類の取扱いには十分に注意してください。

●退職手続き

退職する場合は、少なくとも1カ月前までに届け出ると明文化したり、そのことを口答で伝えている会社も多いことでしょう。法律（民法）では契約解除は2週間前です。退職の申出について、最近は、退職を会社に願い出ることを代行する会社もあります。

年次有給休暇をすべて取得した後を退職日とすることも多くあると思います。そのため最終出勤日と退職日が異なることがあります。年次有給休暇の取得は、本人の権利であり、請求する時季に与えなければなりませんが、会社は、その時季を変更する時季変更権や、引き継ぎをしてから退職するよう指示命令することはできます。

人手不足の時代には、たとえ育児や介護などの理由で退職せざるを得なくても、再雇用などの道を残しておくことも一案です。退職後10年以内は復帰できるとし、一度退職した方でも復職、再雇用の門戸を開放している会社もあります。一度勤務したことがあれば、会社のことをよくわかっており、お互いに安心で、コストが低くなる可能性が高いのではと思います。

2. 労働保険と社会保険の手続きをする

社員に何か事故があったときは、社員の家族も会社もたちまち困ります。そのため、会社は保険を支払うことによってその不測の事態に備えています。

国が主体となって運営している保険を社会保険、民間の会社が運営している保険を私保険と呼んでいます。社会保険が強制保険として存在するのは、国民に何か困ったことなど保険事故が起きた場合に保険というしくみで、被保険者（保険料を納める人）に給付をして、支え合うためです。

●保険事故に該当するもの

保険事故に該当する項目として、「疾病・負傷」「死亡」「休業」「出産」「失業」「老齢」「二次健康診断」「障害」などが挙げられます。

社員が入社した場合は、労働保険と社会保険の手続きをします。前述の通り、社会保険は強制保険なので、本人の意思によって『加入するかどうか』を決めるものではなく、要件にあてはまれば、『被保険者資格取得』をします。

労働保険	
労災保険	雇用保険
労働基準監督署	ハローワーク
業務上および通勤途上の病気・ケガ・休業・障害・死亡などに対して給付をおこなう保険	失業したときは高齢・育児・介護のため、雇用の継続が困難となる場合などに必要な給付をおこなう保険

社会保険（狭い意味）	
健康保険・介護保険	厚生年金保険
全国健康保険協会または健康保険組合	年金事務所
業務上・通勤途上以外の事由による病気・ケガ・休業・出産・死亡などや、被扶養者の病気・ケガ・出産・死亡などに給付をおこなう保険	老齢・障害・死亡などに給付をおこなう保険

※広い意味での社会保険には、労働保険も含まれます

	労災保険	雇用保険	社会保険
アルバイト・パート	適用	週20時間以上	週30時間（社員の3／4以上）
出向受け入れ社員	適用	出向元で加入	出向元で加入
派遣社員	適用	派遣元で加入	派遣元で加入

なお、外注者（コンピュータによる入力作業や、システム開発など）については、請負契約に基づき、社会保険の適用はありません。ただし、たとえ、在宅で勤務していても、請負契約に基づく外注でなく、会社の指揮命令を受ける労働者の場合は、社会保険の適用を受けることになります。

労働者なのか請負者なのかは、明確に区分してください。どちらとも言えず、あいまいな場合は、労働者とみなされることがあります。

なお、入社しても、すぐ退職してしまうというリスクがあるという理由から、会社の試用期間3カ月を経過してから社会保険に加入手続きをする会社がありますが、それは違法です。**社会保険の加入は、適用条件を満たす場合、入社した日から加入となります。**役所への手続きが遅れ、それにより健康保険証の交付が遅くなると病院に行けないなど社員が困るので、入社手続きは早急におこなう必要があります。

●入社時の手続き

	労災保険	雇用保険	社会保険
手続内容	個別に加入手続きは必要ではありません	入社日の翌月10日までに資格取得届を提出	入社日より5日以内に資格取得届を提出
届出先	―	ハローワーク	年金事務所、全国健康保険協会（健保組合加入事業所は健保組合にも提出）

なお、社会保険の手続きは、健康保険と厚生年金保険とともにおこないますが、会社（グループ会社含む）や業種ごとに運営している健康保険組合に加入している場合は、年金事務所とは別に、健康保険組合に届出する必要があります。

社員が退職した場合も、労働保険と社会保険の手続きをします。資格喪失届の提出も早急におこなう必要があります。退職の届出が遅れると、社員の転職先での雇用保険の取得手続きができず、催促を受ける場合もあります。また、雇用保険の失業等給付を受給する場合、手続きが遅れることで、本人の受給も遅れてしまうため、注意が必要です。

●退職時の手続き

	手続内容	届出先
労災保険	個別に加入手続きは必要ではありません	
雇用保険	退職日より10日以内に資格喪失届・離職証明書を提出（離職票は本人に送付します）	ハローワーク
社会保険	退職日より5日以内に資格喪失届を提出（健康保険証返却）	年金事務所、全国健康保険協会（健保組合加入事業所は健保組合にも提出）
住民税	退職日の翌月10日までに給与支払報告に係る給与所得者異動届出書を提出	市区町村（引き続き転職先で特別徴収する場合は本人から転職先担当者に提出）

これらの手続きは、紙面の届出用紙から電子申請に移行しています。大企業では、電子申請も義務づけられます。自社で専門的な事務手続きをおこなうより、社会保険労務士事

務所に事務手続きを依頼した方が安心です。複雑なものや加入している健康保険組合の手続きや労働保険のみを依頼する場合など、会社の状況に合わせて依頼の範囲を選択してください。

●退職後の失業給付受給について

雇用保険の失業給付とは、雇用保険の被保険者が、自己都合退職、定年、倒産、契約期間満了などにより離職し、失業中の生活を心配せずに新しい仕事を探し、1日も早く再就職するために支給されるものです。その手続きは各個人がおこないますが、会社担当者に問い合わせる人も多くいます。人事は、基本となる部分は知っておいてください。

●就業規則

会社の就業規則に目を通しましたか。

就業規則は、会社の就業におけるルールを定めたものです。この規則には、就業、採用、服務規律、退職などについて定められています。その他、付属する規程として、賃金規程、育児介護休業規程、退職金規程、出張旅費規程などがあります。

10人以上の社員（パート・アルバイトなど含む）を使用する会社は、就業規則を作成し、会社の所在地を管轄する労働基準監督署に届出をしなければなりません。

就業規則のベースになる法律は、主に労働基準法で、その他、関係する労働諸法令があります。労働基準法は、民法の特別法であり、労働者保護法としての意味合いを持っています。使用者と労働者では、賃金を支払う使用者の方が強い立場にある労働者を法律が守るということです。そのため、契約解除について、民法は、2週間前としているところ、労働基準法では、解雇は30日前とし、さらに労働契約法において、社会通念上、合理的な理由がないと解雇できないと定めています。

就業規則について不明な点や疑問に思う点があれば専門家に相談した方がよいでしょう。

労働基準法では、最低基準を法律で定めていますので、それを上回るルールを定めている就業規則は問題ありません。定めていない部分や下回る部分については、その部分が無効になって法律の基準に引き上げられることになります。たとえば、最低賃金は各都道府県ごとに決まっていますが、仮に１１００円の場合、それを下回る１０００円と決めたとしても、１１００円に引き上がることになります。

●トラブルを防ぐ

就業規則でトラブルが発生しやすいところは、賃金、給与などお金にまつわる部分です。

法律で定められている時間外労働、休日労働について確認、整理しておきます。

残業した場合の、残業手当、時間外勤務手当などは、通常の時間単価ではなく、25％増しの支払いとなります。残業をしつつ、さらにその時間帯が深夜労働（22時から5時）に重なったときは、深夜労働の25％も加算されますので、結果的に50％増しとなります。

法定休日労働をした場合は、35％増しとなります。就業規則において、たとえば日曜日を法定休日と定めた場合、土曜日は通常の25％増しで、日曜日は35％増しになります。

●平日（時間給1500円の場合）

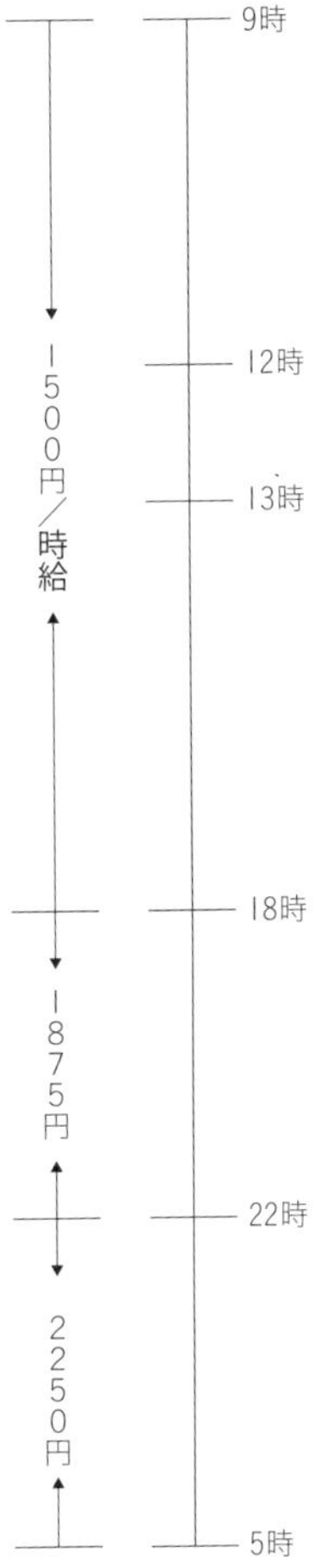

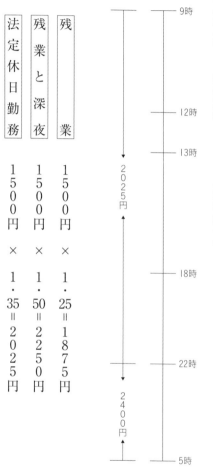

●法定休日（時間給1500円の場合）

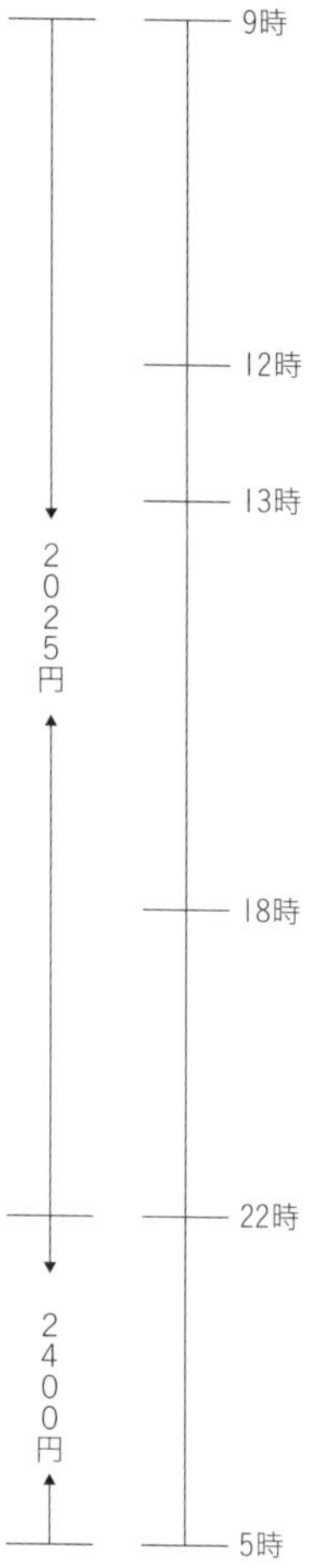

残業	1500円	×	1・25	＝1875円
残業と深夜	1500円	×	1・50	＝2250円
法定休日勤務	1500円	×	1・35	＝2025円
法定休日と深夜勤務	1500円	×	1・60	＝2400円

1500円は、月給者の場合は基準となる給料を月所定労働時間で割った時間となります。

基本給と能力給、業績給、職務給などがあり、そして、毎月支払われる固定の手当があれば、それをたしたものとなります。技能手当、専門職手当、住宅手当、役職手当などは加算します。ただし、家族手当、通勤手当、別居手当、子女教育手当、臨時に支払われる手当は含みません。別居手当や通勤手当など、これらの手当は、その人の能力に関係なく支払われるため、残業手当の算定にすると不公平が生じるおそれがありますが、これ以外は加算しなければなりません。住宅手当については、条件付きで残業単価から除外できる場合もありますが、一律支給ではなく、費用に応じた率や細かな基準によって支払われている場合に限ります。

振替休日と代休とは異なります。たとえば日曜（法定休日）は、会社のお客様のシステム最終納品日で出勤しなければならない場合、事前に水曜日を休日とする場合、出勤日が入れ替わるだけなので、休日勤務ということにはなりません。

	日曜日	水曜日	
振休	もとは休日だが出勤日	休日に振替	休日と出勤日が入れ替わっただけ
代休	休日出勤をした	代休として休む	割増部分35％の525円支払い（1500円×35％）

1年以内の目標

1. 労災保険給付に対応する

労災給付では、業務上の災害によって、病気になったり、ケガをした場合に療養給付を受けることができます。また、会社を休んだ期間の休業給付、身体に障害が残った場合の障害給付や死亡した場合の遺族給付などもあります。通勤途上のケガに対しても、ほぼ同様の給付がおこなわれます。会社が実施する定期健康診断などの結果、脳・心臓疾患に関連する一連の項目に異常の所見があると認められたときは「二次健康診断等の給付」を受けることができます。

業務災害や通勤災害に該当するかどうかは、状況に応じて判断します。

●どんなケースが労災に該当するのか

業務災害や通勤災害に該当するかどうかは、当時の状況を本人からよく聞いて判断しま

しょう。複雑なケースでは、勝手に判断するのではなく、社会保険労務士や労働基準監督署に相談してください。

業務災害は、業務遂行性と業務起因性の2つの要件を満たしている場合、労災保険の対象となります。

業務遂行性とは会社の指揮命令の下に置かれている状態（準備や後片付け中も含む）のことを言います。業務起因性とは、その病気やケガと仕事の間に関連性があることを言います。持病や脳梗塞などは業務に起因しない可能性があります。

●通勤災害の原則

通勤とは、①自宅と就業場所との間を、②合理的な経路および方法により往復することです。

合理的な経路を逸脱したり、通勤と無関係な用事で通勤を中断した場合は、原則として通勤災害は認められません。なお、病院や子供の保育所などに立ち寄り、もとの通勤経路に戻った場合は、通勤災害として認められる場合があります。

●労災保険から給付されるものは

病気やケガをしたときは、療養（補償）給付として10割給付されます。つまり、治療費などは、全額給付となります。

会社を休んだときは、休業（補償）給付として、8割給付されます。

障害者になったときは、障害（補償）給付、死亡したときは、遺族（補償）給付・葬祭給付がなされます。

業務上や通勤災害の場合は、社員がその治療を受けた労災指定病院に給付請求書を作成して提出します。この作成は、会社の担当者や社会保険労務士が代行します。

2. 雇用保険給付に対応する

雇用保険においては、失業したときの失業給付が主たる給付です。ただ、失業に準ずるものとして、雇用の継続が困難な事由として育児と介護があります。

●育児休業給付

雇用保険の育児休業給付とは、女性の職場進出の進展や、少子化の急速な進行の中で労働者が育児休業を取得しやすくするものです。また育児休業終了後も働き続けることができるように、仕事と育児の両立の円滑な継続を目的とするための制度です。

職場復帰を前提に、原則として満1歳まで（要件を満たす場合2歳まで）の子を養育するために会社を休業し、その間の賃金が減額か、もしくは支払われない場合に、支給されます。ただし、休業開始前2年間に被保険者期間が12カ月以上あることが必要です。給付額は、育児休業の開始から180日目までは、育児休業開始時の賃金日額の67％となり、181日目からは50％となります。育児休業は、女性だけでなく、イクメンと呼ばれるように男性も取得できます。どちらかの一方の取得ではなく、この母と父の両親とも取得することも可能です。

産前産後休業期間および育児休業期間中は、健康保険料および厚生年金保険料が免除となります。ただし、管轄の年金事務所に「産前産後休業取得者申出書」「育児休業等取得者申出書」を提出しなければ免除とはならないことにご注意ください。本人だけでなく、会社負担分も免除となりますので、届出を忘れずにしましょう。

●介護休業給付

雇用保険の介護休業給付は、労働者が介護休業を取得しやすくし、その後の円滑な職場復帰を援助・促進する制度です。介護休業給付は、原則として職場復帰を前提として支給対象となる家族の介護のために、介護休業を取得した被保険者に支給されます。介護休業を取得する場合、93日を限度に、介護休業開始時の賃金日額の67%が支払われます。

介護休業中は、残念ながら社会保険料の免除制度はありません。給与が支給されていなくても、休業中の社会保険料は支払わなければなりませんので、毎月保険料を振り込んでもらうなど、社員と話し合って決めておいてください。

他にも、60歳から65歳までの雇用継続で、賃金が15%以上下がった場合に給付があります。

3. 健康保険給付に対応する

健康保険では、被保険者とその家族が仕事以外のことで、病気・ケガをしたとき、死亡したときや出産したときなどに、保険給付を受けることができます。

保険給付内容一覧

	名称	給付内容	給付対象 本人	給付対象 家族
病気・ケガ	療養の給付 入院時食事療養費 入院時生活療養費 保険外併用療養費 訪問看護療養費	現物給付（療養に要する費用の7割または8割）	○	○
	療養費	やむを得ない理由で被保険者証を提示せず、医療費の全額を支払った場合、自己負担額との差額の払い戻し	○	○
	移送費	緊急の入院や転院などで、移送にかかった費用を支給	○	○
	傷病手当金	病気やケガで労務不能となり、給与の支払いがない場合、4日目から1日につき標準報酬日額の3分の2を支給（最長1年6カ月）	○	×

	名称	給付内容	給付対象 本人	給付対象 家族
病気・ケガ	高額療養費	一定期間内に病院に支払った自己負担額が限度額上限を超えた場合の超過額の払い戻し（入院の場合は現物給付）	○	○
	高額介護合算療養費	健康保険の自己負担額と介護保険の利用者負担額が基準額を超えた場合に超過分の健康保険分を支給	○	○
出産	出産育児一時金	本人または家族が妊娠4カ月以上で出産した場合（死産を含む）、1児につき42万円（病院によっては39万円）	○	○
	出産手当金	産前42日（多胎妊娠の場合は98日）産後56日の範囲内で仕事に就かなかった日1日につき標準報酬日額の3分の2を支給	○	×
死亡	埋葬料（費）	本人死亡の場合、5万円（5万円の範囲内で埋葬に要した実費）を支給	○	×
	家族埋葬料	家族死亡の場合、5万円を支給	×	○

4. 採用のポイントを押さえる

採用は、ハローワーク（無料）を使う場合、または有料の職業紹介会社を使う場合、紙媒体、インターネットなどを使って、求人広告を出す場合があります。ハローワークに出した求人は、求職者がインターネットでも閲覧できます。さらに民間の業者がハローワークの求人を自社のサイトに載せていくことも一般的になっています。

採用面談での注意点

求人者に対しては、採用面談をしますが、面談は人事担当者だけ、社長だけではなく、配属部署の方も面談するなど複数人でおこなうことが大切です。急募の場合などは、採用決定を急ぐこともありますが、十分な時間をとって面談をしないとアンマッチが起きる場合が少なくありません。

面談には履歴書や職務経歴書をもとに、丁寧にヒアリングをします。特に転職回数が多い場合や1社あたりの期間が短い場合は、必ずその退職理由などを尋ねて、同じことが自社で起きる可能性があるかを確認します。

仕事と仕事の場合に空白期間がある場合は、何をしていたのか確認します。さらに、前職などで休職期間があったかどうかもヒアリングします。聞き方としては、「もし採用されて、この会社で業務するにあたり、業務分担などで気をつけることはありますか」「持病などで配慮することはありませんか」と聞きます。個人情報で言いたくない、差し控える方もいますので、「差し支えのない範囲でお答えください」とうながします。

紹介会社の注意点

紹介会社を介した場合は、紹介業者の推薦文句や、多くの人材からマッチングして紹介されたのだから大丈夫だろうと、すぐに採用してしまうことがあります。一日も早く人を採用したい気持ちもわかりますが、採用は慎重におこなうものです。早くに採用を決定したいならば、日程を後伸ばしにしないためにも、1日のうちに、複数人の面談をセットすることをおすすめします。また、面談を補う意味でランチ面談など食事を介することで人柄をみることも良いでしょう。

性格診断と職業適性診断

性格診断や職業適性診断などもおすすめします。経験よりも、人柄、人物を重視するのであれば、価値観をすり合わせるために、答えのない複数質問をして、深く考えずにどう答えるかをみることも良いでしょう。答えそのものはないのですが、反応をみるという意味で非常に有効です。

また、面談中に、仕事の説明をし、実際にやってもらうというのも有効です。事務経験者を採用したいのであれば、少し難しいと思われるパソコンの操作や実際の業務を短時間してもらい、できる、できないよりも、できないときにどう対処しようとするのかをみます。その人の対応をみて、一緒に働きたい仲間なのか、対応から判断します。

特に面談者を好意的にみようとして、相手に合わせた質問と対応から、面談に来た人すべてが良い人に見えている場合もあるかもしれません。そのためにも、**面談の際の会社側からの質問は、少なくとも共通の質問をする、同じツールを使う、同じワークなどを使うことで、面談者の比較検討がしやすくなる工夫も必要です。**

採用後のフォローアップ

採用したら、上司、社長やその職場だけではなく、人事担当者も、声かけや面談をおこなってください。3カ月に一度は人事面談をおこない、何か困っていることはないか、わからないことはないかなど気軽に聞きやすい雰囲気づくりをしてください。

何か不明なことがあっても、経験を問われて入社する中途採用者は、周りの人に聞きにくい、周りも経験者なので当然知っているだろうと、新入社員のように丁寧には教えません。中途採用者はいままでの経験をアンラーニングする必要があり、新しい会社に慣れるのに時間がかかります。ここでも潤滑油として人事担当者が力を発揮するときです。何か困ったことや悩んでいることがわかれば､早くに理解し､適応をうながす一助になるでしょう。

第4章

経理の仕事

●経理とは

経理とは、経営者が売上を追いかけられるようにお金の管理をする仕事です。

経理業務を任せられたとき、専門知識がなく不安に思っている人もいると思います。しかし、現在はわかりやすく、簡単に操作できるクラウド型の会計ソフトもあり、簿記などの知識がなくても、日々業務をこなしていくことはできるようになっています。

この章では、初心者の方もぜひ、知っておきたい経理知識の基本を1カ月以内の目標、3カ月以内の目標、1年以内の目標として押さえていきます。

企業活動の最大の目的は、『利益』をつくることであり、お金の管理はとても重要な業務です。経営者が適切な経営の意思決定をおこなっていくためには、正しく、客観的な経営状態を数値面で把握していく必要があります。社長のブレーンとしてこのような数値データを入力、作成し、とらえやすいように提供するのが経理の仕事です。

会社のお金や物品の出入りなどの流れを体系的に記帳、計算し、会計帳簿の作成をおこなったり、業務に必要なパソコン・機械・備品などの資産の管理をおこなうことを『会計業務』と言います。これは国内企業に限らず一度身につけると一生どこでも使えるスキルです。数字という共通言語が武器になります。

また、その資料や報告書をもとに資金調達をする『財務』の役割も重要な業務です。いくら売上があっても、資金繰りが悪く、キャッシュフローがまわらないと黒字倒産にもなりかねません。

会計帳簿作成をおこなう会計の仕事の他に、日々の売上や仕入れなどの会社の出納管理をおこない、月次は、請求業務や給与支払い、保険料などの支払いをします。年次としては、決算書の作成、税金の支払いなどがあります。

1カ月以内の目標

1. 経理の基本用語とルールを学ぶ

●簿記とは何か

企業活動を、帳簿に記録、計算、整理し、その結果を報告するための技術を「簿記」と言います。簿記の主な目的は、企業の財政状態、経営成績を示して、決算書を作成することです。

財政状態をあらわすものを**「貸借対照表《たいしゃくたいしょうひょう》」**と言い、**「資産」「負債」「純資産」**の3つで構成されています。

一方、経営成績をあらわすものを**「損益計算書《そんえきけいさんしょ》」**と言い、**「収益」「費用」**で構成されています。

企業の取引は、「資産」「負債」「純資産」「収益」「費用」のいずれかに該当します。そして、貸借対照表では、「資産」と「負債＋純資産」は一致しますし、損益計算書では、「費用＋

利益」と「収益」が一致するしくみになっています。

なお、簿記では、取引を仕訳《しわけ》する際の左側を「借方《かりかた》」、右側を「貸方《かしかた》」と呼びます。

●仕訳のルールと勘定科目

簿記では、取引を「借方」「貸方」に分けて仕訳します。「商品を仕入れた」「売上入金があった」などの取引を一定のルールで勘定科目ごとに振り分けて仕訳します。取引で自分の手元にお金や物を得たときは「借方」（左側）に、反対にお金や物が出ていったときには「貸方」（右側）になります。

取引

備品を購入して、現金100万円を支払った。

⇩

仕訳

借方	貸方
備品100	現金100

賃借対照表の借方は「資産」、損益計算書の貸方は「費用」ですから、資産や費用をあらわす勘定科目、たとえば、「現金」や「給料手当など」の増加は「借方」（左側）にきます。また、「負債」「純資産」「収益」をあらわす勘定科目の増加は「貸方」（右側）にきます。

●勘定科目の種類

取引を借方と貸方に仕訳する際に示す取引の内容を「勘定科目」と言います。つまり、取引の集計単位と言い換えることもできます。勘定科目の主なものを挙げると次のようになります。

***資産**……現金・当座預金・普通預金・売掛金・受取手形・商品・有価証券・貸付金・土地・建物・車両・備品など

***負債**……買掛金・支払手形・借入金・預り金など

***純資産**……資本金・資本準備金・利益準備金・繰越利益剰余金など

***収益**……売上・受取利息・受取手数料・受取家賃・雑収入など

***費用**……仕入・給料手当・法定福利費・通信費・旅費交通費・広告宣伝費・交際費・消耗品費・支払家賃・支払利息・雑費など

●交際費とは何か

交際費とは、いわゆる接待費用であり、得意先、仕入先はもちろんのこと、自社の株主、役員、社員をも含めた事業に関係ある者に対して、営業上必要な接待、供応《きょうおう》、慰安、贈答などをおこなうために支出する費用を言います。ただし、一人5000円以下の飲食費（役職員間の飲食は除く）は除外されます。

●会計と税務の処理の違い

会計上（企業会計において）は、交際費は取引先との関係を深め、取引を円滑に進めるために支出したものなので全額、費用計上する経理処理をします。

しかし税務（法人税法において）では、その支出の一定限度額を超える部分の金額は、損益不算入（会計上は費用だが税務上は費用にならない）とされる場合があります。

2. 毎日の経理業務を適切におこなう

●日々の経理業務

経理の日々の仕事は、お金を管理することです。

日々の主な経理業務は、**「現金・預金の入出金管理」「領収書の整理や入力」「現金出納帳の入力」**です。それに伴う**「売上、仕入伝票の起票や整理」**もおこないます。

つまり、間違いがあってはならない業務です。

経理の仕事をする上で、大切なことは、**「得意先からの売上がいつ入金されるのか」「仕入先に仕入代金をいつ支払うのか」**という期日の管理です。これは、お金がいつ何に使われたのかを明確に把握するためです。具体的には、得意先や仕入先の会社ごとに設定されている締め日や、支払日、請求書送付の期日や請求書のスタイル、その内訳、入金や支払いのタイミング、振込手数料はどうするかなどです。

得意先台帳、仕入先台帳をつくって、会社ごとのルールを理解し、その期日を守ってください。支払いが遅れた場合は、利息が日々加算されてしまうこともあります。

●掛仕入とは（売掛金・買掛金）

一般的に会社は、掛仕入での取引をおこないます。

小売店は、商品を現金と交換する現金販売と言えますが、**会社の取引では、現金販売は少なく、商品などを仕入れてから代金を支払う「掛仕入」での取引が普通です。**

買掛金取引とは、一般的な仕入れを計上する取引のことです。仕入先から商品を仕入れた場合には、仕入代金を後日支払います。商品やサービスを受領した事実を買掛金取引として記録し、仕入代金の決済や請求書を受領して支払うまでは、買掛金として、仕入先ごとに把握しておきます。同様に、得意先に販売をして売上を計上しても、入金があるまでは売掛金となります。

このように、買掛金や売掛金の管理は、得意先情報や仕入先情報のそれぞれの期日を確認しながら、日々管理していきます。

●経費とは

会社が扱う経費には、交際費、会議費、消耗品、水道・光熱費などがあります。

現金の支出に伴って発生する経費については、領収書をもらい、同じ科目で入力します。領収書がないと支払った事実を証明することができないので、領収書は、日付ごとに整理しておきます。領収書がでない交通費などの場合は、出金伝票で管理します。

なお、領収書はデータ保管もできます。

スキャンして保存し、領収書の原本は破棄することはできますが、データ保存する場合は、あらかじめ、税務署に申請しておくことが必要になります。

昨今、領収書をスキャンしたデータで送付し、入力サービスをする税理士事務所や会社も年々増えています。今後は、ノートに領収書を貼って保管していく従来のやり方から、データ保存に移行していくことでしょう。

会計ソフトを使えば、簿記知識がなくても自動的に仕訳をしてくれます。しかし、**貸方、借方などの簿記の知識があった方が理解が深まり、仕事に興味が持てるでしょう。**

●現金出納帳とは

現金出納帳は、現金の出入りを記録する補助簿です。

この現金には、お札や硬貨の他に、いつでも換金できる他人振出小切手、郵便為替などの証書も含まれます。現金の入金や出金があった場合は、日付、相手先と、収入・支出の内容、相手勘定科目を記録し、その金額を記入し、差引残高を計算します。そして、差引残高と現金が一致しているかどうかを、日々確認します。

●在庫管理

卸売業や小売業など、在庫を持ちつつ商売をする業種では、在庫帳の作成が必要です。商品や原材料の仕入れ担当者は、発注後に届いた商品などが注文と一致しているかを確認し、商品有高帳に記入します。商品仕入時と売上時の都度、数量、単価、金額を入力して、在庫金額を管理します。

3. 月次の経理業務を適切におこなう

●社外に対する業務

経理の月次業務としては、**「請求・支払い」「入金確認」「給与計算・給与支払い」「源泉所得税・社会保険料・住民税の納付」**などがあります。

つまり、国や取引先などの外部へのお金の支払いになります。

帳簿を、月次で締めて、その月の合計と残高を計算し、毎日や毎月の資金の流れや売上の増減を確認します。そして、決算書のための集計表である試算表の作成をします。試算表は、総勘定元帳が正しいかをチェックするための集計表です。

商品やサービスの売上代金は、月次で締めて、1カ月間の売上代金をまとめて請求するケースが一般的です。

●入金と支払いの管理

請求書の発行に基づいて、1カ月ないし1カ月後に代金を受け取ることから、売掛金勘定を用いて経理処理をおこないます。

請求書の発行時に、売掛金を計上することになります。請求書に応じて、売上代金の入金があれば、売掛金は消滅します。請求金額通りに入金されないこともありますので、**入金日、入金額のチェックは早めにおこない、確認依頼をおこないます**。

また、仕入商品や外注費の支払いは、請求書を受領して内容を確認して支払いをおこないます。期日までに銀行振込、現金、小切手など、定められた方法で支払います。銀行口座からの引き落とし処理という方法もあるでしょう。

クラウドの会計祖父により銀行口座と連携することで、入金と支払いの管理もより簡便にできるようになっています。

4. 給与を正しく計算する

給与は、労働保険では「賃金」、社会保険では「報酬」、税法上は「給与所得」などと、それぞれに異なった呼び方をされています。

●給与計算の手順とポイント

給与は社員にとって生活を支える大切なものです。その計算にミスや支払いの遅延があれば社員は不安になり、たちまち信頼がなくなります。**納期に余裕を持って準備をしていきましょう。**

給与計算をおこなうにあたって、給与締日と支払日を確認します。

「15日締め、25日払い」が最も多く、その他にも「月末締め、翌月15日払い」など会社によって決められています。また、給与支払日が休日の場合は、前払いにするなどのルールがあります。

会社のルールを正確に覚えておきましょう。

締日は給与計算をする期間の区切りです。たとえば、「月末締め、翌月10日払い」の給与の場合で、「○月給与」と表示する際は、「給与計算期間の月」か、「支払い月」で表示するのかも会社ごとに異なるため確認します。**たとえば、「10月末締め、11月10日払い」の給与では、「10月分給与」とするか、「11月給与」とするかは、会社ごとに違います。**

●給与計算の流れ（出勤状況の確認）

給与計算においては、残業時間や休日勤務時間、労働日数をもとに計算をおこないます。そこで、出勤簿（タイムカード）などの内容を確認し、記載事項や上司の承認の有無の漏れがないかどうかを確認していきます。

内容とは、労働日数、欠勤日数、年次有給休暇や特別休暇の取得日数、時間外労働時間、休日労働日数と時間、深夜労働時間、遅刻・早退時間などです。

会社のルールに基づいた給与計算のマニュアルやチェックリストを用意しておきましょう。

●支給総額と控除額を求めて、手取り額を算出する

基本給その他、役職手当、資格手当、通勤手当、時間外労働手当などを加算して支給総額を算出し、総額から控除項目を差し引いて、手取り額を算出します。

控除項目は、給与総額に保険料率を乗じた雇用保険料、標準報酬月額に保険料率を乗じた健康保険料、介護保険料（40歳以上65歳未満を対象）、厚生年金保険料です。扶養家族の人数を考慮し、所得税率を乗じて算出した所得税、市区町村から送付される住民税決定通知書に基づく住民税などです。

なお、通勤手当は、所得税法において非課税として取り扱われます。つまり、非課税の範囲内の通勤額であれば、所得税には課税されません。社会保険においては、保険給付の際に、通勤手当をその算定の対象に含みます。そのため、通勤手当を含んだ総額に対して社会保険料がかかります。

「総支給額」から「控除額」を差し引いた金額が、手取り額としての銀行振込額となります。

●給与の振込・明細書

給与は、現金手渡しよりも、確実で安全であることから、銀行振込が一般的です。イン

ターネットバンキングによる給与振込などが多く、支給日から4営業日前までに作業を完了させるなどの締切がありますので、余裕を持っておこなうことが大切です。

給与明細書は、専用用紙などを使って印刷・作成し、支給日に社員に配布する方法か、または、給与明細書を電子化したWEB明細にてメール添付による配布、または、各個人がインターネットを通じて、自分の給与明細を確認する方法などがあります。

3カ月以内の目標

1. 賞与計算の手順とポイントを押さえる

賞与（ボーナス・インセンティブ）とは、会社の業績や個人の業績に基づいて支払われます。賞与の算定対象期間の勤怠や人事考課などの評価に基づき、支給額が決定されます。

会社によっては、給与の数カ月分として賞与額をすでに取り決めている場合もあります。

賞与の算定対象期間および支給日を確認します。会社の給与規程などで、算定対象期間に在籍して、賞与支給日に在籍することが支給の要件として定められている場合もあります。

賞与支給額から1000円未満の端数を切り捨てた金額（標準賞与額）に保険料率を乗じた健康保険料・介護保険料（40歳以上65歳未満を対象）、厚生年金保険料を控除します。

また、支給総額に保険料率を乗じた雇用保険料、所得税を計算します。所得税については、賞与を支給する月の前月分給与から社会保険料を差し引いた金額を求め、扶養人数を考慮して算出します。

賞与支給日の属する月中に退職した場合（月末退職は除く）は、社会保険（健康保険・介護保険、厚生年金保険）は、保険料控除の対象となりません。

2. 退職金の取扱いの手順とポイントを押さえる

退職金とは、会社の福利厚生であり、支払うことが義務づけられたものではありません。基準や金額は会社の規定によります。

退職日までに「退職所得の受給に関する申告書」を退職金支給者に記入してもらい、所得税と住民税の計算をします。勤続年数に1年未満の端数がある場合には、その端数を切り上げて1年とします。勤続年数と退職事由により定められた控除額を求め、定められた算式に従って所得税、住民税を算出します。

3. 年末調整の手順とポイントを押さえる

年末調整とは、毎月の給与から天引きした見込みの所得税1年分の合計額と実際支払うべき年間の所得税を照らし、精算する業務のことを言います。所得税は、その年の所得が確定するまで正確な金額がわからないため、12月の給与もしくは賞与の支給完了後、実際の1年間の給与（賞与を含む）額が確定した後で、年末調整をおこないます。それによって所得税の過不足を還付または徴収します。

●年末調整の対象者

「扶養控除等（異動）申告書」を会社に提出している人が対象となります。この申告書を提出している人を「甲欄適用者」と言います。扶養控除等申告書は、一人1社の提出となります。2カ所以上の会社から給与をもらっている人は、扶養控除等申告書を提出しない会社では乙欄適用者となり、年末調整の対象にはなりません。また、1年間に受け取る給与総額が2000万円を超える人も年末調整の対象にはなりません。

●年末調整の流れ

所得税は、毎年1／1から12／31までの所得額を基本にして計算します。

「扶養控除等（異動）申告書」「保険料控除等申告書」「配偶者控除等申告書」「住宅借入金等特別控除申告書」などを作成し、社員に提出してもらいます。なお、その年に入社した社員には、前職の源泉徴収票を提出してもらい、前職の給与所得と合算して計算する必要があります。

年税額が、毎月の給与および賞与から控除していた所得税額が少なければ「還付」、年税額が多ければ「徴収」となり、精算します。

●源泉徴収票の作成と交付

源泉徴収票とは、1年間の給与総額と源泉徴収税額などを記したものです。これは、社員が1年の給与総額を確認するためのものであり、住宅購入など借入をする際に提出が求められます。

年末調整を完了した後に、社員の1年間の給与総額や源泉徴収税額などの必要事項を記載して作成します。年末調整をした人で給与支払金額が500万円（役員の場合は

150万円）を超える人など該当する場合は、1月末日までに税務署に提出します。

●給与支払報告書の提出

1月1日現在の社員の住所地である市区町村に対し、1月末日までに「給与支払報告書」を提出します。市区町村ごとに在籍者や退職者数などを記載した「総括表」を添付します。市区町村は、これをもとに住民税額を決定します。

4. 経理の年次業務のポイントを押さえる

経理の年次業務としては、「決算、税務申告」「開示する資料の作成」「予算・経営計画の立案」などがあります。

会計ソフトの導入で経理業務は、専門知識がなくてもおこなうことができるようになり、関連する帳簿との互換や自動転記や、銀行通帳やクレジットカードと連携することも可能になっています。そのため入力作業そのものも省略できるなど効率を図れるようになっています。

コンピュータ処理で業務や作業が、簡素化されていますが、ここでも**基本的な簿記や勘定科目の知識があることは大切です。**

では、具体的な年次の作業について確認していきます。

1年以内の目標

1. 決算業務と確定申告を適切におこなう

経理における年次業務として最も重要なのは、決算業務です。

決算とは、1年間という会計記録を締め切って、これまで仕訳や記帳してきた取引を整理して、貸借対照表と損益計算書にまとめる作業を言います。

貸借対照表では、資金をどう調達し、何に投資したかという財政状態に関する情報がわかります。また、会社がその期の利益をどのように稼いだかは、損益計算書からわかります。

この決算作業には、期限があります。**法人税申告書は決算日から2カ月以内におこなわなければなりません**（ただし、延長申請を提出すると3カ月以内）。

貸借対照表とは

貸借対照表は、（B／S＝Blance Sheet）バランスシートと呼ばれます。**資本を調達してその運用をあらわす**ものです。貸借対照表の左側は、現預金、売掛金商品などの資産です。右側は、自己資本である純資産と他人資本である負債となります。

自己資本、手元資金として３００万円を持っていて、銀行借入で調達した資金が７００万円あるとします。自己資本は返済不要ですが、負債である借入金は返済しなければなりません。会社の資産として、現預金は合計で１０００万円となります。さまざまな方法で調達した自己資本と他人資本をさまざまな資産に運用しながら会社は活動していて、この資産と負債と純資産の合計は一致しています。

【貸借対照表】

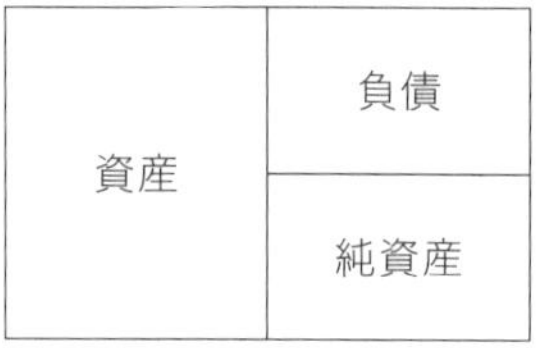

【損益計算書】
黒字のとき

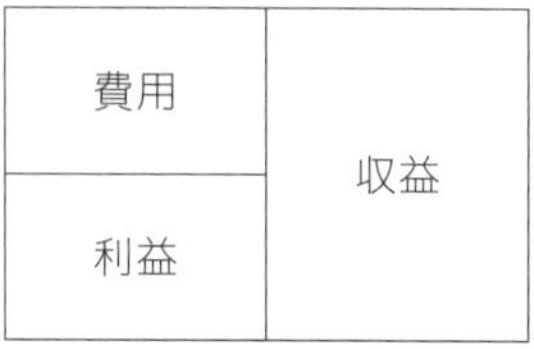

【損益計算書】
赤字のとき

損益計算書とは

損益計算書（P／L＝Proffit Loss）は、**会社が1年間でどれだけの売上を上げて、どれだけの利益を得たのかを計算した会社の成績表**です。この経営成績は、会社の収益とそれに要した費用を対応させ、期間の純損益としてあらわされます。損益計算書の特徴として、計算の過程を段階的に示し、5つの利益をあらわしています。

損益計算書の利益

この5つの利益とは**「売上総利益（粗利益）」「営業利益」「経常利益」「税引前当期利益」「当期純利益」**です。このうち、経常利益は「ケイツネ」とも呼ばれて重要な指標です。

売上総利益（粗利益）、営業利益、経常利益の意味合いは押さえておきましょう。

売上とは

売上総利益（粗利益）は、売上高から売上原価を差し引いたもので、各々の取引で稼いだ粗利益の総合計です。会社の生み出した付加価値、と言ってもよいでしょう。この全体の粗利益をとらえてから、カテゴリーごとの取引、また個々の取引の仕入や販売価格をみていきます。

営業利益とは

営業利益とは**「売上総利益」**から**「販売費および一般管理費」を差し引いたもの**です。企業活動から得た付加価値（売上総利益）を運営にあたりどのような費用、経費にお金をかけているのかがわかります。販売費や一般管理費を毎月ごとに管理していくことが重要です。

経常利益とは

経常利益は、この**営業利益に財務活動などの本業以外の損益を加えた利益**になります。**営業利益に「営業外収益」をたして「営業外費用」を減算してものを「経常利益」と言います。**

営業外損益とは、その会社の主たる営業活動以外から生じる収益や費用です。受取利息や支払利息などの財務活動は、営業活動以外のものですが、たとえば、借入金による支払利息などは会社経営を圧迫することもありますので、注意しなければなりません。無借金経営としてスタートアップし、そのまま借入なしを維持することが会社経営においては理想とはいえ、経営戦略として設備投資などのコストも考慮していかなければなりません。

●棚卸資産の整理

販売を目的に仕入れた商品や製品、製造途上の半製品や原材料は「棚卸資産」と呼ばれます。決算の前における在庫の金額は、あくまでも簿記上のものであるため、在庫を持っている小売業・卸売業の会社は、決算日の正しい在庫金額を把握するため「棚卸」をおこないます。

棚卸とは、決算日において残った在庫を実際に評価し、帳簿との差額を減耗や評価損として認識します。棚卸をすることで、賃借対照表に記載される商品の金額が実際の在庫金額となります。決算期末における棚卸資産の評価方法には「原価法」と「低価法」があり、税務署に届け出た方法によっておこないます。

●売掛金・買掛金の確定

貸借対照表に記載される売掛金・買掛金の金額の決定をします。売掛金・買掛金は、毎月締め日ごとに集計し、その請求書を発行・受領していますが、得意先、仕入先ごとに締め日は異なります。したがって、追加計上すべき部分を確定する作業をおこないます。

●固定資産の減価償却

会社の所有する建物や備品、車両運搬具などは、使用することにより価値が目減りしていくため、その価値減少部分を把握する必要があります。

「減価償却」という手続きにより減価減少部分を金額的に把握し、期末における固定資産の残額を記載します。

会社の所有する固定資産は、決算において引き続き使用されているかどうかを確認する必要があります。たとえば備品で、すでに廃棄してしまった場合など、備品そのものが存在していないのに、固定資産台帳にその備品が残っている場合には、直ちに廃棄損を計上して台帳から削除します。具体的には、会社が所有する建物や備品、車両運搬具などの固定資産は、いったん資産に計上し、それぞれの資産ごとに決められた耐用年数によって算出された額を、毎期費用化していきます。固定資産には、「有形固定資産」と「無形固定資産」、そして「投資等」があります。

ただし、減価償却の対象となるのは、有形固定資産と無形固定資産です。

有形固定資産には、建物・備品・機械・車両などがあります。また無形固定資産には、特許権・意匠権・実用新案権・商標権・ソフトウエアなどがあります。

2. 税理士事務所を活用する

社員が数名の小規模な会社や個人事業主は、最初は代表者などが経理業務もおこなうケースが多いです。そして、そのうち担当者が必要になるでしょう。会計業務、経理業務、財務業務のすべてを回していくことは大変なので、税理士事務所に依頼します。

税理士の業務は主に、「税務申告代理」「税務書類の作成」「税務相談」です。顧問税理士に記帳まですべてをお願いしている場合や、決算業務等税務書類のみ作成をお願いしているなど、顧問税理士に依頼する業務の範囲は異なっているかもしれません。顧問税理士事務所には、必要に応じて都度アドバイスを受け、都度わからないことは確認をして助言を受けることができますし、連携をとっておくことがとても大切です。税務調査の対象となった場合にも顧問税理士は同席が可能です。

第5章

スキルアップのために

1. 社会人として成功するための3つのポイントを押さえる

総務・人事・経理の方々が、社員に必要とされるための行動特性、資質は3つあると思います。

それは、①『**行動力**』（**すぐにやる**）、②『**慎重さ**』（**チェックする、リスクを想定する**）、③『**向上心**』（**成長や進歩**）です。関西弁で言うと、『せっかち（すぐやる）』『小心もの（おっかなびっくり）』『好奇心（知りたい、楽しむ気持ち）』です。

①行動力

はじめに大事なのは、行動（ACT）です。

行動の意味は、「まず動く」ということです。

従業員から問い合わせや質問があったらすぐに対応する、もし、ミスや未入力があったら、確認して修正するなど行動することで、ダメージを最小限に抑えることができます。細かい作業の積み重ねが多いので、すぐに動く、即応していくことが大事です。

総務・人事・経理の仕事は、机の前に座って、書類のチェックやパソコンに入力したり、本やインターネットで調べる作業などもありますが、社内の人や社外の人と会ったり、社長のスケジュールを確認して、ミーティングなどもします。

これらすべての仕事や作業は、パソコンやメールで一度に完結しません。締め切りや納期の中で同時並行し、随時調整するという行動が何より大事になります。

さらに、総務・人事・経理は、積極的に法改正や人事制度などの情報を得る必要があります。最近の法改正について弁護士の研修に参加する、最新の人事制度や情報についての知識を得るために、人事の研修会に参加します。採用についても、合同説明会などのフェアに参加するなど、学びに出かけましょう。

「はたらく」とは、「傍を楽にする」という意味です。まさに、総務・人事・経理は、バックオフィスとして、社員、従業員、スタッフの仕事がしやすいように支える、つまり、「はたが楽になるように、動くこと」だと言えます。

しかし、自分一人で社員を支えるといっても、一人で何もかもこなすことは無理です。自分の足りない部分を他の仲間、同僚、先輩や部下に補ってもらうことも大切です。または、会計士、弁護士、税理士、社労士などの専門家のサポートを得るようにしましょう。

②慎重さ

慎重というのは、小心に、リスクを想定してと言うことです。

防災訓練や防災の備え、損害保険に加入するというのは、リスクヘッジと言えます。決して震災や不測の事態は、起きてはほしくないですが、備えていれば、復活、リカバリーは早いはずです。

コンピュータなどにおいては、リスクヘッジでバックアップをとっておく、クラウド対応をしておく、デュアルで動かしていけば、いざデータが消えてしまってもすぐに復旧できます。たとえば、京セラグループでは、「構想は楽観的に、行動は悲観的に」と言う言葉があります。リスクを想定して計画づくり、もしこういうことがあったらと考えておくことが大切です。

③向上心

向上心とは、仕事の目標を持っている、素直な気持ちで失敗やミスを次に活かせるということです。

「向上心」があると言われる人には、前向きな気持ちや行動がみられます。そして、つねに前向きにモチベーションを保つためには、自分で定めた目標を持ち続けることが必要です。

一方、向上心がない人の特徴としては、自信がないために責任転嫁をしたり、ネガティブな気持ちや考え方を持っています。

仕事に目標が見つからない方は、まずは、自分に対して自信を持ってみてはどうでしょうか。

向上心を持つと言うよりは、まずは、自分がこの総務・人事・経理の仕事がきっとできるはずで、楽しめるはずだと、自分に自信を持ってください。

総務・人事・経理では、学ぶことがたくさんあります。

いろいろと法改正ばかりある、なぜ年末調整で毎年変更があるのかとめんどうに思われる方もいると思いますが、だからこそ、専門知識が身につくのです。人から頼られるのです。たとえあなたがその職場を何かの事情で退職する場合、転職する場合は、専門知識が高く評価されます。

営業などはその会社ごとに、やり方を覚えて、売っていかなければなりませんが、総務・人事・経理の仕事は、汎用性がありますし、共通するもの、ベースとなる考え方は一緒です。業務上の知識を積極的に学んでいきましょう。

知識を深めると、仕事の効率が上がるだけでなく、仕事自体が面白くなります。

2. 短所を長所に変える

行動力・慎重さ・向上心の3つの特徴のとらえ方ですが、長所と短所は、紙一重で、表と裏側です。つまり、長所でもあり、短所でもあるということです。

せっかちや、いらちといった性格の方は、実は経理に向いています。早くやらないと気がすまない、やってしまいたい、やらないと気持ちが悪いからです。

すぐやる、今日の仕事は今日片付けた方が、気持ちが良いと思う人は、総務向きです。また慎重、臆病と言う言葉も、ネガティブにも受け取られますが、じっくり考える、石橋をたたく、ネットで調べる、社長に念のため確認しておくといったところも、総務にはとても必要な要素です。

人事は、社員の気持ちを推し量ったり配慮が必要になります。そのため時間をかけてヒアリングや話し合いをするなど慎重さが求められます。人のことは、数字と異なり絶対的な答えがありません。

繰り返しになりますが、**まずは行動です。すぐに着手しましょう**。そして、事務にはミスがある、うっかり入力間違い、思い込みがある、確認不足があるかもしれないのだから、何度も見返す、時間をおいて、再度チェックするといった慎重さを持ちましょう。ここでのポイントは、たとえミスがあったり、時間がかかり過ぎたとしても、気分を落ち込んだり、自己否定しすぎることなく、どうしたら、次はもっと正確にできるか、もっと楽に早くできるのかとポジティブに考えましょう。

さらに、会社の要、経営者に最も近いところにいるセクションを担うためには、自分の仕事を昨日よりは今日、今日よりは明日と思う向上心を持つことが必要になります。

3. スキルアップするための3つのトレーニングをおこなう

ここまでで、性格、気質、タイプ、意識を取り上げました。

次に、トレーニングやエクササイズで、後天的に、身につけていただきたいことを紹介します。

それは、①**「コミュニケーション力」**、②**「気配り・気遣い力」**、③**「メンタル回復力（自己肯定感を高める・自己否定感を低くする）」**のためのトレーニングです。

この3つは私が、20年以上、総務・人事・経理の仕事に携わる方々に接して、アドバイスやサポートをする中で必要だと思った力であり、それらは意識することやトレーニングで上がっていくものです。

①コミュニケーション力のためのトレーニング

コミュニケーション力については、コミュニケーションが大事、重要であることについては、もはや説明するまでもありません。

経団連でも、2018年11月、採用の選考にあたって、コミュニケーション能力は、

16年連続で1位です。8割を超える会社において、コミュニケーション能力が大事、次に主体性（自立、自律）6割、チャレンジ精神となっています。

では、総務・人事・経理で仕事をするにあたり、コミュニケーション能力を高めるために具体的に何に気をつけたり、意識していったらよいのでしょうか。

最近は、話す、聞くというコミュニケーションスタイルが減り、文書を使って、紙、メール、ラインやチャット、業務管理ソフトなどを使ったコミュニケーションスタイルが増えていますが、基本は変わりません。

感じの良い、気配りの感じられる表現をすることです。きついとか、怖いより、感じが良い、ソフトである、優しい、話しやすいと思ってもらえるように心がけましょう。

そのために注意しなければならないのは、短縮語やカタカナ表現を多用したり、丁寧さを意識するあまり二重敬語を使ってしまうことです。これらはよくない印象を与えてしまいます。次の表を参考にして、正しい言葉の使い方、敬語を知り、自信を持って対応しましょう。なお、敬語は尊敬語と謙譲語が混同している場合が多いので注意しましょう。

敬語の種類

種類	内容	具体例
尊敬語 相手または相手の動作、状態などに対して敬意をあらわす	①お（ご）……になる ……なさる ……くださる ②……れる ……られる ③特別な言いまわし	①お持ちになる 出席なさる ご指導くださる ②出社される はじめられる ③いらっしゃる、召し上がる
謙譲語 自分または自分の動作や状態などに対して、へりくだることで間接的に相手への敬意をあらわす	①お（ご）……する ……いたす ……申し上げる ②させていただく ③お（ご）……いただく ……願う ④特別な言いまわし	①お持ちする ご案内いたす ご連絡申し上げる ②使わせていただく ③ご指導いただく ご遠慮願う ④伺う、参る、申す、拝見する
丁寧語 言葉使いを丁寧にし、話し手が自分の品位を保つことができる	①……です ……ます ……（で）ございます	①こちらです 私○○と申します 提案書でございます

間違えやすい敬語

普通語	尊敬語（お客様が…）	謙譲語（私が…）
いる	いらっしゃいます	おります
行く	いらっしゃいます おいでになります	参ります 伺います おじゃまします
くる	いらっしゃいます お見えになります お越しになります	参ります 伺います
する	なさいます	いたします
言う	おっしゃいます	申します 申し上げます
聞く	お聞きになります	伺います 承ります
たずねる	おたずねになります	伺います
見る	ご覧になります	拝見します
与える	くださいます	差し上げます

知っている	ご存じです	存じ上げております 存じております
食べる	召し上がります おあがりになります	いただきます 頂戴します
会う	お会いになります	お目にかかります

感じの良い表現のコツ

総務担当者は、書類の回収などで催促したり、各部署に売上や経費データの提出を求めたりすることがあります。そのときに使える感じの良い表現のコツを3つお伝えします。

❶クッション言葉を入れる

クッション言葉というのは、相手への心配りをあらわすソフトな表現で、よりやわらかい印象を与える言葉です。いきなり用件ではなく、クッション言葉を使ってから、用件を伝えます。

たとえば、上司に話しかけるときは**「ただいま、お時間よろしいでしょうか」**、お客様に対しては**「恐れ入りますが」**と一言そえます。

何か激しく怒ってクレームを言いにきたお客様、社員に対しては、たとえ勘違いであっても相手を誤解、怒らせるようなことがあったと考えて、**「申し訳ありません」**と言ってください。相手の高ぶっている感情を一度、受け止めるよう心がけましょう。

クッション言葉の例

・恐れ入りますが　恐縮ですが　せっかくですが　勝手申し上げますが
・あいにく　残念ながら　お手数ですが
・お差し支えなければ　失礼ですが　失礼とは存じますが
・申し訳ありませんが　よろしければ　ごめんどうですが
・お言葉を返すようですが　おっしゃることはわかりますが
ご意見なるほどとは思いますが　たしかにその通りでございますが
・身にあまるお話ですが

❷依頼文に変える

依頼文というのは、文章の最後を疑問形、「?」にすることでソフトな表現に変えるということです。

たとえば、お客様を待たせる場合があります。このとき相手に伝えるメッセージは「待ってください」です。しかしこのままの言い方だと、相手は命令されているように感じてしまいます。

そこで、**「お待ちいただけますか？」**と依頼文にすることによって、こちらからの「待て」という指示から、相手に「待つ」の意思をたずねる文章に変化します。人は指示されるよりも自発的に行動するほうがラクなので、これだけで感じの良い表現になるのです。

❸肯定表現と提案表現を用いる

言葉を発するときに、肯定表現にすることを意識するだけで、会話が前向きになります。たとえ現実は「できない」ことであっても、肯定表現であらわしたり、提案表現に変えたりすることで印象が変わります。

肯定表現と提案表現の例

「私ではわかりかねますが、わかる者に代わります」

「いまはまだできかねますが、半年後にはできるように努力します」

「在庫を切らしております。○日には入荷予定でございます」

❹意識して話を聴く

傾聴という言葉がありますが、相手の話は、身を入れて意識的に聞きとりましょう。話を聴いているときに、「はい」「ええ」「そうですね」と言ったり、首をたてにふったり、うなずいたりしているでしょうか。

ある心理学の実験によると、うなずくことは相手の発言を1.7倍に増やすと言われていますから、非常に有効です。

うなずくという行為は、相手の話を聴いて、共感していますよ、というリアクションとなり、会話をスムーズに進めることができます。

相手の話を「聴く」のは、実は大変難しいことです。話の途中で言い訳をしたり、それは違う、間違っていると指摘したり、会話をさえぎって、自分の話に持っていったりしてしまいがちです。

まずは、話を最後まで「聴く」ことが大切です。そして、それに加えてうなずきや、あいづちなどの理解をしようとしている動作も交えることで、より相手との信頼関係を築くことができます。

❺人はそれぞれ違うことを意識する

では具体的にどうするか、どういう意識で、仕事をするかなのです。まず自分が考えるように人は考えていない、伝わっていないかもしれないという意識を持つことが大事です。

いくら同じ会社だとはいっても、それぞれの立場や考え方は違います。なぜそのような人が同じ場所に集まって仕事をしているかは、その経営ミッション、理念に共感して仕事をしているわけですが、だからといって、すべて同じ考え方ではないということです。さらに今後は海外で生活した人、その考え方の人とも、年齢や性別を超えて仕事をしていきます。

コミュニケーションにおいては、違うという意識にたって、コミュニケーションをとります。たとえば、メールをしたら、確認する、理解されているか共有する、メールの後に電話をするなどといった、必ずしも、情報共有は、１００％ではないという視点にたって、発信、確認、質問をしていくということです。

特に、上司や年長の方々の中には、わからなければ聞いて来いと言って、丁寧に確認したり、すりあわせをしない場合が少なくありません。そのような場合には、意思疎通がうまくいかないまま過ぎてしまい、そして、仕事を達成することができません。

そこで、**自分が発信した場合には、それが相手の行動につながるまでは自分の責任と思ってコミュニケーションをとってください**。

たとえば期限内に提出されないとき、自分の作業が遅れることをイライラするのではなく、遅れる人がいる、書類を見ないままの人がいる、そういうことを想定した上で、早めの段取り、丁寧なリマインド、最終警告とステップを踏んで注意しながら、進めていきましょう。

社員からの相談での「傾聴」の姿勢

また、社員から何かの相談、場合によっては、社内ハラスメントなどの相談があります。そのようなときは、聴くという姿勢で、相手が話しやすくする配慮が必要です。

聴くという言葉は、耳で十四の心を持って聞くと書きます。特別なカウンセラーの勉強や資格を得ていないとしても、そういう気持ちと心で、相手を受け止めることができれば、相手は話しやすく、課題を伝えてくれます。

一方で、そのまま病気になってしまい休職となったり、また、会社や人事が取り合ってくれないからと、いきなり行政や弁護士などに相談されてしまうことにもなりかねません。

②気配り・気遣い力のトレーニング

気配り、気遣い力は、総務・人事担当者に特に必要です。人に気を配り、配慮する気持ちは、信頼関係を築くことにもつながります。

気配りの原点は、相手の負担にならないよう考えることです。親切の押し売りや、おせっかいと言われないためには、まず自分が自然に楽しくやることが大切です。

そこで、まずは「気がきく」人になるためにどうしたらよいのかを説明します。

❶気がきく人はよく観察する

よく観察する人は、気がきく人になれます。相手が何をしてほしいかを先読みするコツは「観察」にあります。どんな職業、どんな状況に置かれても、相手を観察し、周りを観察して、次に何をすべきかを判断するための「先読みをする」ことは、気がきく人になるための基本です。

会社・職場の「気がきく人」は他の人とどこが違うのか、どのように行動しているのかを見つけましょう。どんな職場にも必ず一人は「気がきく人」がいるものです。

この観察のポイントは、一つのことをじっくり観察することではなく、全体を俯瞰して見渡すことです。一つの物事に集中しないで、全体を包み込むようにみると相手の動きがよくわかります。全体をみることで、相手の気がつかない行動を起こすことができるのです。

❷相手の気持ちをとことん想像してみよう

気がきく人は「想像力」をつねに働かせています。

なぜ想像力が必要かと言うと、気がきくということは、相手にとって「気がきいている行為」なのであって、決して自分のための「自己満足ではない」からです。そのため、相手が何を必要としているのか、「相手に焦点を合わせる」ことが大切なのです。

相手の次の行動を想像することができれば、マニュアル通りのことや指示されたことだけでなく、相手の期待以上の効果、価値を生み出すことができます。

想像力を鍛えるための、簡単で効果の高い方法として、**自分が過去に、相手から受けたことで気がきいていると思ったことを、「思い出す」という方法**があります。自分が経験したことがない場合は、人から話を聞いて考える、小説、テレビドラマ、映画やマンガなど映像を使って知るという方法もてっとり早いと思います。

ただし、過去の経験や、自分の身につけたパターンがそのまま活かせる場合もあれば、まったくその型にはまらないこともあります。状況に応じて、じっくり観察した上で、ゼロベースで想像する必要性もあります。一人ひとりに合わせて臨機応変に対応するには経験が必要です。一人二役になって、対話をしながら、悩みを解決するというトレーニング「エンプティ・チェア（空椅子）」にトライするのもよいでしょう。

※エンプティ・チェアとは、椅子に座った自分の向かいに一脚の空の椅子を置いて、その空の椅子に自分が話したい相手がいると想像して対話することです。自分が話した後は、空の椅子に座りなおして、相手の気持ちになって話をすることを繰り返します。

❸質問して「相手の気持ち」を知る

思い悩むより、「相手が何を考えているのか・望むのか」を聞いてしまいましょう。

親しい人に贈り物をするときで何を贈るか悩んだ際は、直接、具体的に質問をします。

そうでない場合は、自分がいただいて嬉しかったものや、また喜ばれた物を思い出してみます。また、相手の会話から好みの物や必要とされる物を想像します。

これ以外にも、それぞれの会社のルール、地方または国を越えてのルール、マナーなど、わからないことは、調べたり、聞いた方が無難です。

「聞くは一時の恥、聞かぬは一生の恥」です。

観察して、想像はしたけれど、それでもわからなければ、いつまでも迷っていないで、聞くようにします。

キャッチボールが基本

コミュニケーションとは、相手が投げた言葉に対して、言葉や身体表現でボールを返すことです。

気がきく人というのは、周囲とのキャッチボールが上手な、コミュニケーション能力が高い人と言えるのではないでしょうか。

逆に、コミュニケーションをとるのが苦手、怖いという人は、相手の懐に飛び込んでいく勇気、相手を知りたいと思う気持ち、相手に興味を持つこと、相手にとって利益になりそうだなと思うことを探す、こういったところからスタートするとよいでしょう。

想像しやすく、答えやすい質問をする

質問の仕方においても、気がきく・気がきかないが分かれます。

質問をするときは、自分の中でまず何を聞きたいのか咀しゃく、整理して、相手が想像しやすく、答えやすい質問に言い換えることが大切です。質問する相手によっても質問の仕方を変える配慮が必要になります。

そして、質問をしたら、最後にその要点をまとめます。質問の要点を確認することで、誤解を防ぐとともに、安心感を与えることができます。

クローズドクエスチョンとオープンクエスチョン

質問の方法には、クローズドクエスチョンと、オープンクエスチョンがあります。まず、**クローズドクエスチョンとは、「はい」「いいえ」で答えられる質問のこと**です。忙しい人に対しては、こちらの質問の方が返答しやすいので、向いていると言えます。しかし、クローズドクエスチョンで注意が必要なのは、「アポイントですが、水曜日と金曜日が空いていますが、早い方の水曜日でよろしいでしょうか？」と言うように、他の選択肢もあることを伝えることです。

一方、オープンクエスチョンとは、「明日のお店を予約しますが、何がよろしいでしょうか？」または、「お客様は、この製品について何か気になる点がございますか？」など、なるべく広く、大きく幅を持たせて聞くことで、自由な意見を挙げてもらうことを言います。オープンに聞くことで、相手がどう考えているかざっくりとした方向性を確認することができ、繰り返し用いることで、相手の希望を徐々に引き出していくことができます。

❹相手を理解しようとする気持ち（理解力）を鍛える

目の前の相手を理解するとは、相手の「立場」を知ろうと努力することです。

ビジネスの基本は平等です。

自分の方が上だとか、下だとか、なぜ理解してくれないいんだという考えを捨てて、相手とは違うのだという認識を持って、相手の立場、自分の立場をわきまえると、事に臨むのが楽になります。

なお、ある一つの事実に対して、それを受け止める解釈は、何通りもあります。「自分が変われば、相手も変わる」と言います。自分の考え方をちょっと変えてみることで、苦手な人への意識も変わります。自分の対応が変わることで、自然と相手もそれに応えてくれるのではないのでしょうか。

自分で調べる、学ぶ、そしてわからないことは、人に訊ねて答えを得る努力が必要だということを忘れないようにしましょう。

理解力が高いと感じる人は、知識・経験も豊富ですが、あまり好き嫌いをせず色々なことに興味を持っていて、頭が柔らかい方が多いです。自分の人間としての〝幅〟を広げたり視座を高めることが大切です。

❺気がきく人は行動している

「気がきく」と、相手に感じとってもらえるのは、やはり行動です。そのためには、相手の考えを先読みして実際に行動することです。

相手に合わせて行動する

相手に喜んでもらうポイントは「自分を一段下げて、相手を立てる」ことです。行動の一つとして、ひと手間かけるというのも、嬉しいものでしょう。「相手に合った」気がきく行動を心がけることが大切です。相手が何を重視するか、など「相手の価値観」に合わせた「オーダーメイド応対」を目指しましょう。

タイミングよく行動する

気がきく行動というのは、タイミングが重要です。タイミングを逃さないためには、とっさの判断が求められます。SOSを頼んだときに、すぐに行動に移してくれたり、こちらの必要な資料を用意してくれたりと、すぐに動いてくれるととても助かるものです。

相手の困っていることに「すぐに対応できる姿勢」を持ちましょう。

③メンタル回復力のトレーニング

メンタル回復力（自己肯定感を高める・自己否定感を低くする）は現代社会においてとても必要です。総務・人事・経理セクションの方々の仕事は、経営者に近いところにいて、「人・物・金」を扱う「要」のセクションです。

その業務を担う本書の読者の皆様には、自分のメンタル回復力や自己肯定感を維持して、仕事にあたってほしいと思います。

多くの企業をみて研究してきましたが、このセクションが弱い会社は、会社の規模の大小にかかわらず、継続ができません。

作業ベースの積み重ねであり、社内の調整役でもあり、最も大事な人財を扱うセクションにいます。数字や人を扱う部署においては、ミスがあったり、または、社内の人の問題で悩むことになりかねません。

数字は神経を使うし、納期も発生します。ミスを自覚しやすく、落ち込みやすいです。経営者と現場の板ばさみ、ストレス過多、人のことについては、明確な答えがないので悩み迷います。人事担当がストレスを抱えているケースをよく見聞きしてきました。

だから、自分の長所、短所、得意、不得意をよく知りましょう。自分ですべてを抱えこまず、やろうとせず、自分の不得意なことは、他の方にお願いしたり、協力してもらったり、専門家のアドバイスを受けましょう。できないことがあって当たり前で、自分はすべてができると思わないでください。できないことや、たとえミスをしたり、間違えたとしても、自己否定する必要はまったくありません。ミスをしても、自分を責めすぎず、許してあげましょう。次から気をつけよう、できる人にお願いしようとして、自分の得意なことに時間を使いましょう。

同じ仕事をするにも、どんな気持ちでするかによって、結果や成果が変わってきますし、誰かがあなたの仕事に感謝して見てくれているはずです。よくやっているね、がんばっているねと、どうぞ「自分ホメ」をしましょう。

社員の愚痴や悩みを聞いていることも多いでしょう。それによって、自分の仕事さえも後回しになることもあります。

社員の気持ちに対して、同調共感（empath）することは、とても大切でそんな担当者に社員の方も心を開き、親しみを感じることと思います。

しかし、共感はしても、相手と自分の間の境界線はひいてください。相手の問題を、自分の悩みや問題と考えないようにします。

他者分離境界線をひいておくことが、社員の方にとっても、総務・人事・経理の担当者にとっても、うまくいくコツだと言えるでしょう。

これができると、たとえ無理難題や理不尽な文句を社員から言われても、おだやかで冷静な気持ちでいることができます。

【著者紹介】

小宮山 敏恵（こみやま としえ）

特定社会保険労務士・中小企業診断士。

慶應義塾大学大学院修士課程修了。

三井不動産株式会社人事部に勤務し、給与計算業務等の人事・総務関係の業務に携わる。退職後、コンサルタント会社等の経験を経て、オフィス小宮山を開設。20年以上、企業の社会保険手続、給与計算業務、人事・総務関係の相談業務に携わり、アドバイスやサポートをしている。また、管理職研修や、マナー研修などのセミナー講師もおこなっている。
○著書
『総務のおしごと手帖』（日本実業出版社）、『士業事務所のためのビジネスマナー&文書』『社員のやる気が高まる目標管理』（東洋法規出版）、『誰からも好かれる気がきく人になるレッスン』（ぱる出版）、『マンガはじめて社労士 労働基準法・労働安全衛生法』（住宅新報社）など
○社会保険労務士法人 オフィス小宮山ホームページ　https://k-komiyama.com/

小さい会社の総務・人事・経理の仕事がわかる本

2020年3月18日　第1版第1刷発行

著　者…………………………小宮山 敏恵
発行所…………………………WAVE出版
〒102-0074 東京都千代田区九段南3-9-12
TEL 03-3261-3713　FAX 03-3261-3823
振替 00100-7-366376
E-mail：info@wave-publishers.co.jp
装丁・本文デザイン………田中真琴
イラスト………………………稲見独楽
DTP …………………………トム・プライズ
印刷・製本……………………中央精版印刷株式会社

NDC360　208P　19cm　ISBN978-4-86621-263-0